基础设施 PPP 项目管理论丛
李启明主编

私人主动融资(PFI)模式在公共项目中的应用

杜 静　仲伟俊　李启明　著

江苏省优势学科(PAPD)资助项目

东南大学出版社
·南京·

内 容 提 要

公私合作伙伴模式(PPP)是政府和民营企业之间为提供公共产品和服务、基于具体项目的合作融资模式。源于英国的私人主动融资(PFI)是其中一种重要的方式。当前,我国新型城镇化发展快速、稳定,公共项目建设、运营中应用PFI模式,对减轻政府财政压力、提高公共项目服务质量和效率有着积极、重要的意义。

本书以海外应用PFI模式的政策、实施指南为基础构建了我国公共项目应用PFI模式的实施流程;运用资金时间价值(VFM)评估公共项目是否适合采用PFI模式和如何选择合适的项目承担人;以蒙特卡罗模拟法对PFI项目资金价值的定量评估做了示例演算。书中还结合台湾南北高速铁路实例,构建模糊综合评价模型进行PFI模式风险因素评估,体现了本书研究内容的完整性与系统性。

本书可作为高校相关专业(如工程管理、项目管理、管理科学与工程等)教师、研究生和本科生的学习、研究参考书,也可作为相关领域(如政府、投资、项目管理和咨询)人员的实务参考书。

图书在版编目(CIP)数据

私人主动融资(PFI)模式在公共项目中的应用/杜静,仲伟俊,李启明著.—南京:东南大学出版社,2014.10

(基础设施PPP项目管理论丛/李启明主编)

ISBN 978-7-5641-5090-7

Ⅰ.①私⋯ Ⅱ.①杜⋯②仲⋯③李⋯ Ⅲ.①企业融资—研究—中国 Ⅳ.①F279.23

中国版本图书馆 CIP 数据核字(2014)第 170972 号

私人主动融资(PFI)模式在公共项目中的应用

著　　者	杜　静　仲伟俊　李启明
责任编辑	丁　丁
编辑邮箱	d.d.00@163.com
出版发行	东南大学出版社
出 版 人	江建中
社　　址	南京市四牌楼 2 号(邮编:210096)
经　　销	全国各地新华书店
发行热线	025—83790519　83791830
印　　刷	南京玉河印刷厂
网　　址	http://www.seupress.com
电子邮箱	press@seupress.com
开　　本	787 mm×1 092 mm　1/16
印　　张	10
字　　数	244 千
版　　次	2014 年 10 月第 1 版　2014 年 10 月第 1 次印刷
书　　号	ISBN 978-7-5641-5090-7
定　　价	42.00 元

(本社图书若有印装质量问题,请直接与营销部联系,电话:025-83791830)

丛书前言

基础设施在国民经济和社会发展中起着重要的作用,不论是发达国家,还是发展中国家,都积极加速公共设施建设,以期增加国家竞争力。基于公共设施的外部性,传统上,公共部门义无反顾地承担起直接提供公共设施的责任。然而,面对日趋增长的公共服务需求,政府部门由于资金紧缺,缺乏长期而有效的经营管理,各国政府转而重新思考由私营机构参与提供基础设施建设和运营的合理性和可行性。基础设施由传统上政府提供转向市场供应,BOT、BOO、BOOT、TOT、PFI 等多种融资模式在城市基础设施建设中发挥出越来越重要的作用。公私合作模式(Public Private Partnership,PPP)通过政府与私营部门的合作共同发展基础设施,实现参与各方的预期利益,同时共同承担责任和融资风险。由于 PPP 模式能够提供更高质量、更高效益的公共服务,从而引起了理论界和产业界的高度重视。

PPP 模式在全世界的应用已经成为一种趋势,许多国家已经建立了中央机构来管理和协调这些项目。世界银行估计在发展中国家的基础设施总投资中有 40% 是由私营机构提供的。以 PPP 模式推动公共建设的政策,遂成了各国竞相尝试的新途径。

我国从 1984 年在深圳沙角 B 电厂最早尝试采用 PPP 模式开始,迄今已近 30 年,积累了不少经验和教训,各项法律、规章和制度也在完善中。2004 年住房和城乡建设部颁布了《市政公用事业特许经营管理办法》,在 2003—2006 年间,各地相应出台了公用事业特许经营管理办法。2005 年《国务院关于鼓励支持和引导个体私营等非公有制经济发展的若干意见》更是强调允许非公有资本进入电力、电信、铁路、民航、石油等垄断行业,不断完善政府特许经营制度,支持非公有资本参与各类公用事业和基础设施的投资、建设和运营。如今,我国民间资本数量巨大,如何利用好如此庞大的民间资本,为广大人民群众提供高质量的公共设施与服务,满足不断提高的公众需求,创造可观的社会、经济效益,是个值得深思的问题。

PPP模式亦是一把双刃剑。它能解决政府发展公用事业资金不足的瓶颈，通过市场机制可以更加灵活地运作，对社会资源进行优化配置，是一个更具社会效益的基础设施建设方式；但是如果应用不当，亦会给政府、公众及私人机构造成损害，导致公私两败俱伤的局面。如何有效率地提供普遍服务，既能保障公共产品的公共性质，又能够促使企业通过改善管理提高效率和服务质量，是各国在公用事业部门制度改革过程中面临的困境。如何促使PPP项目顺利实施是一个值得研究的课题。

本丛书从PPP项目的价格、绩效、风险、合同、融资等方面对PPP模式及其应用进行了全面的阐释，汇集了东南大学建设与房地产系多年来在该领域的研究成果。本丛书著者李启明教授、李洁教授、杜静副教授、汪文雄副教授、邓小鹏副教授、袁竞峰副教授等长期从事PPP模式的研究工作。由于本丛书的内容涉及PPP模式的多个方面，限于作者们的水平和经验，书中不妥之处在所难免，欢迎读者批评指正。

李启明
2013年11月

前　言

随着世界各国社会经济发展水平的不断提高,公众对政府提供社会服务的要求越来越高,政府在公共项目上的支出压力日益加大,由此引发了世界范围公共服务产出方式的制度创新,促进了政府部门在公共项目投资建设和运营管理上的多元化发展。私人主动融资(Private Finance Initiative,PFI)就是在此背景下形成的一种新的公共项目投资建设和运营管理模式。PFI模式将民间资金和经营管理技术引进到公共项目建设和运营中,集项目的策划、融资、设计、建设、运营和移交为一体。该模式在相当程度上克服了公共项目完全由政府建设和运营存在的投入高、产出低、资源消耗大、服务质量低等弊端。

目前我国公共项目投资需求巨大,政府财政支持公共项目建设能力有限,我国公共项目运用PFI模式建设和运营势在必行。然而,国内外的实践经验表明,PFI模式应用是一个非常复杂的过程,需要科学的管理理论和方法的支持。目前我国管理学界对该问题的研究还很少,需要进行系统、深入的研究与探讨。

本书对我国公共项目应用PFI模式的方法进行了比较系统的研究。首先,在对PFI模式的主要形式和适用范围进行系统分析的基础上,提出了PFI模式的实施流程,分析了PFI模式实施过程中的核心管理问题和关键成功要素。然后,考虑到并不是所有公共项目都适合应用PFI模式,研究了公共项目是否采用PFI模式的选择过程,提出了定性和定量相结合的PFI模式的选择方法,对PFI项目合适的组织机构和融资结构进行了探讨。接着,采用PFI模式的公共项目,研究了项目承担人的选择流程,提出了项目承担人的评价和选择方法,并利用应用实例对方法的应用进行了说明。进一步地,对应用PFI项目的资金价值评估方法进行了研究,提出了资金价值评估的三阶段过程及定性和定量相结合的资金价值评估方法,并以蒙特卡罗模拟法对PFI项目资金价值的定量评估做了示例演算。再进一步,还对PFI模式的风险评价与管理方法进行了研究,从宏观、中观、微观三个层面讨论了PFI项目风险估计的方法,有针对性地建立了PFI项目风险模糊综合评价模型,并作了实质性研究。本书最后以台湾南北高速铁路为案例，分析了公共项目PFI模式应用的经验和教训及其核心问题，说明了对本书提出的PFI模式应用进行资金价值评估、加强风险管理的重要性。

公共项目采用PFI模式建设经营，在中国尚处起步阶段。其中的诸多要素问题，亟待进一步深入研究，以便更好地推动和改善PFI模式，使之成功应用。

本书是在作者之一的博士学位论文基础上做少量修改而成的。因论文完成于2007年夏季，当时以英国为主的西方国家着力推行的正是以私人融资为首选的PFI模式。随着项目的深入开展，PPP项目作为一种提供公共服务的治理模式被更广泛地采用，PFI只是PPP模式中早期运用较多的一种，因此本书作为《基础设施PPP项目管理论丛》的一本。此次出书，本想对书中已有较大变化的诸多数据与政策做更新和调整，试调后发现逐一修正后将是一部新书。因此此书保持2007年数据不变，今后合适机会将以此书为基础，针对新的政策与发展方向再做新著。

本书的选题与研究工作都是在仲伟俊教授与李启明教授的悉心指导和深度修改下完成的，在此深深感谢。仲教授与李教授学识渊博、治学态度严谨、学术眼光敏锐、胸怀谦虚坦荡，对该文的完成有着积极重大的影响。本书选题还要致谢日本爱知工业大学的大根义男教授，他在作者赴日访问交流期间给予了建设性的建议与意见。大根先生现已仙逝，愿他在天之灵安详。

本书写作过程中得到了东南大学土木工程学院建设与房地产系各位同仁的帮助与支持，感谢沈杰老师百忙中认真、仔细地通读本文初稿并给予许多建设性的意见；感谢黄有亮老师、陆惠民老师、成虎老师、郑磊老师、邓小鹏老师、张星老师、张建坤老师与黄安永老师给予的各种帮助、鼓励与支持；还有各位年轻老师的大力支持。感谢建设监理研究所的研究生同学们的支持，特别是已毕业的硕士研究生周曹俊同学为论文中的蒙特卡洛法编程所做的贡献。另外还要感谢新加坡南洋理工大学的Pro. David Zhou提供的海外案例资料，台湾曾梓清先生提供了台湾南北高速铁路案例的一些详细资料。感谢东南大学出版社对本书出版的支持，特别是为本书出版付出辛勤工作的丁丁编辑。由于本人的水平有限，书中不妥之处在所难免，欢迎读者批评指正！

杜 静
2014年6月于南京四牌楼二号

目 录

- 0 绪论 …………………………………………………………………………… (1)
  - 0.1 我国公共项目应用PFI的必要性与可行性 ……………………………… (2)
    - 0.1.1 公共项目投资需求增长情况 …………………………………… (2)
    - 0.1.2 公共项目投资资金的来源结构 ………………………………… (4)
    - 0.1.3 公共项目引入私人资金的可能性 ……………………………… (6)
  - 0.2 PFI模式的概念及国内外应用状况 ……………………………………… (7)
    - 0.2.1 PFI的概念 ………………………………………………………… (7)
    - 0.2.2 国际上PFI模式的应用情况 ……………………………………… (8)
    - 0.2.3 我国PFI模式的应用情况 ………………………………………… (13)
  - 0.3 公共项目应用PFI的国内外研究现状 …………………………………… (14)
    - 0.3.1 国外对PFI应用的研究现状 ……………………………………… (14)
    - 0.3.2 中国对PFI模式的理论研究现状 ………………………………… (18)
    - 0.3.3 我国目前对PFI模式研究存在的问题 …………………………… (19)
  - 0.4 本书研究的主要内容与研究框架 ……………………………………… (20)
- 1 PFI模式实施流程及关键影响因素分析 ……………………………………… (22)
  - 1.1 PFI模式的类型和应用形式 ……………………………………………… (22)
    - 1.1.1 PFI模式的类型及主要应用形式 ………………………………… (22)
    - 1.1.2 PFI模式的特点及与PPP的关系 ………………………………… (25)
    - 1.1.3 PFI模式与项目融资的关系 ……………………………………… (27)
  - 1.2 PFI模式适用范围 ………………………………………………………… (31)
    - 1.2.1 适合应用PFI模式的公共项目的特征 …………………………… (31)
    - 1.2.2 适合采用PFI模式的项目范围 …………………………………… (33)
  - 1.3 PFI模式的实施流程 ……………………………………………………… (34)
    - 1.3.1 PFI项目实施流程设计原则与阶段 ……………………………… (34)
    - 1.3.2 PFI项目实施的核心管理问题与关键成功因素 ………………… (36)
    - 1.3.3 PFI项目实施中各方的关系 ……………………………………… (38)
    - 1.3.4 PFI项目实施的合同管理 ………………………………………… (40)
- 2 PFI项目的选择方法 …………………………………………………………… (43)
  - 2.1 公共项目采用PFI模式的选择过程 ……………………………………… (43)

  2.1.1 拟建项目的提出及初步分析 …………………………………… (43)
  2.1.2 拟建项目采用PFI模式的实施草案评价 ……………………… (45)
  2.1.3 项目选定 ………………………………………………………… (46)
 2.2 公共项目采用PFI模式的评价要点 ……………………………………… (47)
  2.2.1 公共项目采用PFI模式的定量与定性分析 …………………… (47)
  2.2.2 公共项目采用PFI模式的适合范围 …………………………… (48)
  2.2.3 公共项目采用PFI模式需要的法律支持 ……………………… (49)
 2.3 PFI项目的组织结构与融资结构讨论 …………………………………… (50)
  2.3.1 PFI项目的组织机构 …………………………………………… (50)
  2.3.2 项目融资资本结构 ……………………………………………… (50)

3 PFI项目承担人的选择方法 …………………………………………………… (53)
 3.1 项目承担人的选择流程 …………………………………………………… (53)
  3.1.1 招标 ……………………………………………………………… (53)
  3.1.2 评标与定标 ……………………………………………………… (57)
 3.2 项目承担人评价和选择方法 ……………………………………………… (59)
  3.2.1 资格预审的方法 ………………………………………………… (59)
  3.2.2 招、投标文件的要求 …………………………………………… (62)
  3.2.3 评标要点 ………………………………………………………… (64)
 3.3 某消费生活中心及计量检查所项目选择及项目承担人的选定 ………… (65)
  3.3.1 项目的选定 ……………………………………………………… (65)
  3.3.2 项目承担人的选定 ……………………………………………… (66)

4 PFI项目资金价值的评估方法 ………………………………………………… (71)
 4.1 资金价值评估方法的影响因素和过程 …………………………………… (71)
  4.1.1 PFI项目资金价值的影响因素 ………………………………… (71)
  4.1.2 PFI项目资金价值评估的注意点 ……………………………… (73)
  4.1.3 PFI项目资金价值评估的过程 ………………………………… (74)
 4.2 资金价值评估的三个阶段分析 …………………………………………… (75)
  4.2.1 项目投资计划评估方法 ………………………………………… (75)
  4.2.2 项目实施草案评价方法 ………………………………………… (81)
  4.2.3 项目采购方式的评估 …………………………………………… (83)
 4.3 资金价值评估的定量评估方法与参数 …………………………………… (85)
  4.3.1 VFM定量评估方法 ……………………………………………… (85)
  4.3.2 VFM定量评估用的成本数据 …………………………………… (85)
  4.3.3 定量评估中折现率的选取 ……………………………………… (88)
 4.4 资金价值评估的蒙特卡洛模拟分析 ……………………………………… (89)
  4.4.1 蒙特卡洛模拟方法 ……………………………………………… (89)
  4.4.2 PFI项目资金价值评估的蒙特卡洛模型 ……………………… (93)

　　　4.4.3　资金价值评估的蒙特卡罗计算示例 ……………………………… (94)
5　PFI 项目的风险评价与管理 ……………………………………………… (99)
　5.1　PFI 项目的风险管理过程与风险辨识 ………………………………… (99)
　　5.1.1　PFI 项目的风险特征 ……………………………………………… (100)
　　5.1.2　PFI 项目风险分类 ………………………………………………… (102)
　　5.1.3　PFI 风险辨识的方法 ……………………………………………… (105)
　5.2　PFI 项目风险评估 ……………………………………………………… (106)
　　5.2.1　PFI 项目风险的估计 ……………………………………………… (106)
　　5.2.2　风险估计的方法 …………………………………………………… (108)
　　5.2.3　PFI 项目风险的模糊综合评价 …………………………………… (109)
　5.3　PFI 项目风险控制与管理 ……………………………………………… (116)
　　5.3.1　PFI 项目的风险回避、预防与减少 ……………………………… (116)
　　5.3.2　PFI 项目的风险分担与监控 ……………………………………… (117)
　　5.3.3　某美术馆新馆项目风险分担事例 ………………………………… (119)
6　台湾南北高速铁路项目应用 PFI 模式实践分析 ……………………… (121)
　6.1　台湾南北高速铁路项目背景 …………………………………………… (121)
　6.2　高铁项目承担人的遴选 ………………………………………………… (122)
　6.3　高铁项目的筹资、合同与技术问题 …………………………………… (123)
　　6.3.1　项目筹资 …………………………………………………………… (123)
　　6.3.2　项目的技术问题 …………………………………………………… (125)
　　6.3.3　高铁项目的合同问题 ……………………………………………… (126)
　6.4　台湾高铁及其他应用 PFI 模式项目实践的启示 …………………… (126)
7　结束语 ……………………………………………………………………… (130)
　7.1　本书的创新点 …………………………………………………………… (130)
　7.2　需要进一步研究的问题 ………………………………………………… (131)
参考文献 ……………………………………………………………………… (133)
附录 …………………………………………………………………………… (140)
　附录 1　市政公用设施投资额占 GDP 比例的趋势预测方程 …………… (140)
　附录 2　蒙特卡罗模拟程序清单 …………………………………………… (141)
　附录 3　常用的 3 种分布随机值的抽取 …………………………………… (146)
　附录 4　专用术语 …………………………………………………………… (149)

0 绪 论

公共项目一般是指政府投资的基础性建设项目,包括道路桥梁、电力设施、市政工程、通信工程等。公共项目的传统运作模式是由国家投资,政府有关部门组织建设及经营管理,也称为政府投资项目。

目前公共项目建设运营的通行方式是政府采购①,即政府部门作为采购机关以购买、租赁、委托或雇用等方式获取货物、工程和服务的行为,所称货物,是指各种形态和种类的物品,包括原材料、燃料、设备、产品等;所称工程,是指建设工程,包括建筑物和构筑物的新建、改建、扩建、装修、拆除、修缮等;所称服务,是指除货物和工程以外的其他政府采购对象。

在公共经济学中,公共项目作为公共产品的主要部分,还包含公共事业的概念。按照美国经济学家萨缪尔逊的解释,公共产品是将利益不可分割的产品提供给社会全体成员,满足人们联合消费、共同受益的物质产品和非物质产品形态的服务产品。这就决定了公共产品同时具有非排他性、非竞争性的基本特征。作为公共产品一部分的公共项目最终业主是政府,服务对象是社会公众,因此还具有非盈利性的公益性质。

本书中论述的公共项目不仅包括公共基础设施,也包括实现政府社会职能的公共事业,如国防、司法、社会保障、教育、医疗卫生等方面需要的国防工程、监狱、图书馆、急救中心等公共项目。这与世界银行对基础设施的定义是相吻合的。世界银行将基础设施分为两大类:一类是经济基础设施,即永久性工程构筑、设备、设施和它们所提供的为居民所用和用于经济生产的服务,包括公用事业、公共工程以及其他交通部门;另一类是社会基础设施,通常包括文教、医疗保健等相关基础设施[1]。

由于这类项目具有投资大、建设运营周期长、生产及管理复杂程度高、经济收益低等非盈利性特征,一直以来,私人和民间资金很少介入,资金来源一般是由国家财政支出,或者由政府出面融资,以发行国债、申请国际贷款等方式支持。

---

① 据《中华人民共和国政府采购法》的定义,政府采购是指各级国家机关、事业单位和团体组织,使用财政性资金采购依法制定的集中采购目录以内的或者采购限额标准以上的货物、工程和服务的行为。采购法所称采购,是指以合同方式有偿取得货物、工程和服务的行为,包括购买、租赁、委托、雇用等。本书中"采购"一词的含义与范围主要集中在公共项目的融资、建设、经营等服务的获得过程,而不是严格意义的"政府采购"。

0.1 我国公共项目应用PFI的必要性与可行性

公共项目,特别是基础设施的投资和建设是国家和地区经济长期稳定可持续发展、提高城市生活质量的基本保证[2]。随着我国经济发展水平和人民生活水平的不断提高,公共项目投资和建设需求迅速增加,仅依靠政府财政建设公共项目越来越困难,应用一种新的公共项目投资管理模式来有效地改变这一状况势在必行。

0.1.1 公共项目投资需求增长情况

世界银行建议发展中国家城市基础设施投资应占GDP的3%～5%、占全社会固定资产的9%～15%,这样才能与国民经济发展相匹配。与之相比我国市政公用设施建设投资一直偏低,1991年之前的14年里该项投资占GDP的比重均在1%以下,占全社会固定资产投资比重3%以下。1992年以后,该项投资占GDP比重和占全社会固定资产投资比重稳步上升,2000年这两项指标分别达到了1.91%和5.8%[3];2005年这两项指标分别达到了3.06%和6.32%[4]。但这样的投资规模仍不能满足国家经济发展的需求,距离联合国推荐的底线还有明显的距离,因此,以基础设施为主的公共项目投资仍然有相当大的增长需求。

1) 市政公用设施的未来投资需求较大

根据上一个国家五年计划中市政公用设施的投资规模,考虑国家经济发展的速度,可以大致估计未来五年公用设施的投资幅度(表0.1)。

表0.1 公用设施投资与GDP及固定资产投资之间的关系

年份	GDP(亿元)	全社会固定资产投资总额(亿元)	市政公用设施建设投资(亿元)	市政公用设施建设投资占GDP比例(%)	市政公用设施建设投资占全社会固定资产投资额比例(%)
2000	99 214.60	32 917.70	1 894	1.91	5.75
2001	109 655.20	37 213.50	2 352	2.14	6.32
2002	120 332.70	43 499.91	3 123	2.60	7.18
2003	135 822.80	55 566.61	4 462	3.29	8.03
2004	159 878.30	70 477.40	4 754	2.97	6.75
2005	183 084.80	88 773.60	5 602	3.06	6.32

数据来源:中国国家统计局发布2006年中国统计年鉴[5],国家建设部财务司发布城市建设统计公报[6]。

从表0.1中可见,2000—2005年,市政公用设施投资占GDP的比例(y_1)及占全社会固定资产投资额的比例(y_2)分别从1.91%、5.75%提高到3.06%和6.32%,提高速度大致是均衡的,用趋势线性方程估算①可得:

---
① 计算过程见附录1

$$y_1 = 1.769\,5 + 0.255t \tag{0-1}$$

$$y_2 = 6.226 + 0.142\,6t \tag{0-2}$$

那么 2010 年这个比例应该增长到：

$$y_1 = 1.769\,5 + 0.255 \times 11 = 4.574\,5$$

$$y_2 = 6.226 + 0.142\,6 \times 11 = 7.794\,6$$

在全国的"十一五"规划中，国内生产总值的年均增长率预期目标为 7.5%[7]。按此速度测算，至 2010 年国内生产总值将达到：

$$183\,084.8 \times (1+7.5\%)^5 = 262\,841.91\,(亿元)。$$

市政公用设施的投资额也将增长到

$$4.574\,5\% \times 262\,841.91 = 12\,023.70\,(亿元)。$$

由于近年来 GDP 的增长速度实际都是超过 7.5% 的，因此，实际对公共设施的投资需求应该大于这个数字。

根据国家统计年鉴中的数据可知，全社会固定资产投资额的增长幅度比 GDP 更大，从 2000 年 10.3% 的年增长速度到 2003 年 27.7%、2004 年 26.6% 至 2005 年 26.0%，如按此速度递增，增长速度是惊人的，考虑国家经济发展的稳定性和理性，假设 2006—2010 年的年平均固定资产增长速度为 25%，则 2010 年的全社会固定资产投资额将达到：

$$88\,773.6 \times (1+25\%)^5 = 270\,915.5\,(亿元)。$$

那么市政公用设施的投资额也将增长到 $7.794\,6\% \times 270\,915.5 = 21\,116.78$（亿元）。

以上的预测显示出城市公共设施投资的额度将超过 2 万亿元，这还是较为保守的预测值，而目前对公共设施的投资额仅达到 0.5 万亿元，说明这方面的投资需求非常巨大。

2）城市化与工业化进程加快的需求加大公共项目的投入

城市化①与工业化②的迅速发展带来了城市人口的增长以及配套基础设施的建设需求的增长。工业化进程与城市化进程是除了人均 GDP 指标外衡量一个国家经济发展水平的重要指标[8]。根据国家统计局发布的《2005 年国民经济和社会发展统计公报》，我国 2005 年

---

① 一般而言，城市化水平指城市人口占全国人口的比重。由于关于城市的定义和标准不同，城市化指标只有相对可比性。美国学者英克尔斯教授认为第一次现代化的发展指标为城市化超过 50%，世界银行《1983 年世界发展报告》公布的 1960 年 19 个市场经济工业化国家的城市化的平均值为 67%，所以，完成第一次现代化的国家或地区的城市化应高于 50%[5]。

② 工业化的统计特征是工业经济占国民经济的比例和工业劳动力比重上升、农业经济占国民经济比例和农业劳动力比重下降。根据美国学者英克尔斯教授提出的发展指标和世界银行《1983 年世界发展报告》公布的 1960 年 19 个市场经济工业化国家的平均值，工业化的标准大约为：工业增加值占 GDP 比例和工业劳动力占全国劳动力比例都高于 40%，农业增加值占 GDP 比例低于 15%，农业劳动力占全国劳动力比例低于 30%。

工业增加值与GDP的比值为41.78%,城市化程度达到43%;据《中国统计年鉴2005》数据知,2004年我国的工业劳动力占总劳动力的比例为34.46%,与国际通行标准对比,我国目前的工业化水平较接近世界一般标准,而城市化水平与世界标准相比尚有一定距离,只相当于19世纪中期的英国、20世纪前期的美国、20世纪中期的日本[9,10]。但是我国城市化进程在与工业化互动中呈加速发展趋势,全国城市化水平平均以每年1.5个百分点左右的速度增加,相当于每年有近2000万人进入城市生活。按照专家估算的每万人占用1平方公里城市用地,每平方公里用地城市基础设施需投入2亿元计算,每年仅支持城市化发展的城市基础设施投资就需要4000亿元。显然单单依靠政府的财政支出是远远不够的。与此同时,根据构建和谐社会的需要,我国目前城市交通不畅、拥堵严重,地下设施失修老化,人居环境质量不高等诸多问题,也需要每年相当大的投资逐步予以解决。

3) 环境保护的投资需求不断加大

环境保护需要大量的资金投入。从世界各国环境保护的发展历史看,人均GDP在1000美元到3000美元时期,是经济发展和环境保护之间的矛盾最突出的时期。2005年我国人均GDP为1700美元①,正处于这一时期。目前我国环境保护的整体状况不容乐观,与发达国家等量GDP相比较,一些主要的污染指标,如二氧化硫、氮氧化物等的排放强度是他们的8~9倍②,主要污染物排放量大大超过环境承载能力。生态环境边建设、边破坏,生态破坏范围在扩大;相当数量的垃圾处理场没有达到环保要求,无害化处理率较低[11]。因此,加大城市污水和垃圾处理等环境基础设施建设是当前亟须解决的问题,由此带来的巨额资金需求不可能仅仅依赖各级政府的财政资金解决,多元化融资势在必行,充分利用民间资金是极具生命力的新融资建设模式。

0.1.2 公共项目投资资金的来源结构

对国家建设部全国城市固定资产投资的资金来源进行分析可知,城市固定资产投资的资金来源主要包括中央财政拨款、地方财政拨款、国内贷款、债券、利用外资、自筹资金和其他资金。

1) 国家预算内资金

国家预算内资金由中央财政拨款和地方财政拨款两部分组成。中央财政拨款包括:中央财政基本建设基金中用于城建的支出,国家计委拨给建设部门的城建补助,财政部用于历史文化名城保护的专项资金拨款;地方财政拨款包括:由国家统筹安排的拨款和城市建设专项资金(城市维护建设税、公用事业附加)等。这类资金数额是非常有限的,主要运用于国家

---

①国家统计局局长李德水2006年1月25日在新闻发布会上说,2005年中国GDP现价182 321亿人民币,按2005年平均汇率对美元8.191 7∶1来计算,折合为22 257亿美元,人均1 700美元。

②国家环保总局局长解振华答记者问:环保风暴是正常执法监督,http://www.bjyouth.com/view.jsp?oid=4851575。

及地方重点建设项目、历史古迹保护项目等。

2）国内贷款

国内贷款是指固定资产投资单位向银行及非银行金融机构借入的用于固定资产投资的各种国内借款，包括银行利用自有资金及吸收的存款发放的贷款、上级主管部门拨入的国内贷款、国家专项贷款、地方财政专项资金安排的贷款、国内储备贷款、周转贷款等。这是一般公共项目建设运行所需资金的主要来源之一。

3）外资

外资是指用于固定资产建造和购置的国外资金，包含设备、材料、技术等子项的购置费用。其中对外借款包括外国政府贷款、国际金融组织贷款、出口信贷、外国银行商业贷款、对外发行债券和股票，外商直接投资及外商其他投资包括由外商提供设备价款、国际租赁的对外贸易和加工装配。

4）债券

债券是指企业（公司）或金融机构通过发行各种债券，筹集用于固定资产投资的资金，包括由银行代理国家专业投资公司发行的重点企业债券和基本建设债券，但是债券的筹集与发行都有很多限制。

5）自筹资金

自筹资金是指由各地区、各部门及企、事业单位筹集用于固定资产投资的预算外资金，包括中央各部门、各级地方和企、事业单位的自筹资金。这是近年来公共项目投资的另一主要资金来源。

6）其他资金

其他资金是指除以上各种资金之外其他用于固定资产投资的资金，包括无偿捐赠的资金及其他单位拨入的资金等。

目前我国公用基础设施投资主要是由国家财政投资，包括政府预算内支出和政策性收费，但是近年来政府投入所占比例呈下降趋势，而市场投入比例呈上升趋势[12]。从1996年开始，政府投入和市场投入比例已发生了明显变化，政府投入由1995年以前的90%左右，下降到2001年的52%。根据2004年建设部城市固定资产投资的统计数据，以上六项来源的比重分别如表0.2所示。

表0.2　2004年城市固定资产投资资金来源比重

城市固定资产投资资金来源	国家预算内资金		国内贷款	债券	利用外资	自筹资金	其他
	中央财政拨款	地方财政拨款					
占总投资比重(%)	22.85		33.49	0.19	1.99	31.32	10.15
	1.44	21.41					

表0.2中数据显示，城市建设投资资金的来源主要依赖自筹资金和银行贷款，两项共占

64.81%,而财政预算内投资只占22.85%,中央财政拨款更是仅占1.44%的比例。由此可见,民间资金在国家准许进入的公共项目投资建设中发挥的作用越来越大。

0.1.3 公共项目引入私人资金的可能性

我国公共项目的发展有着巨大的空间,西部大开发、北京奥运会、上海世博会和广州亚运会的建设运营都为其提供了良好的契机;同时沉重的融资压力和效率低下的经营管理矛盾促使政府加快了公共部门的改革步伐,打开了社会、民间资本参与公共项目建设的大门。

2005年发布的《中华人民共和国国民经济和社会发展第十一个五年规划纲要》中明确提出,要大力发展个体、私营等非公有制经济。进一步消除制约非公有制经济发展的体制性障碍和政策性因素,进一步落实鼓励、支持和引导非公有制经济发展的政策措施。允许非公有制经济进入法律法规未禁止的行业和领域,鼓励和支持非公有制经济参与国有企业改革,进入金融服务、公用事业、基础设施等领域。完善金融、税收、信用担保、技术创新等方面的政策,改善行政执法和司法环境,加强和改进对非公有制企业的服务和监管。

公用事业和基础设施、金融服务和国防科技工业等长期以来是非公有制企业难以进入的领域,如今获得了国家准入。有关部门与地方政府正在清理和修订限制非公有制经济市场准入的法规、规章和政策性规定。具体内容包括:

(1) 国家将在电力、电信、铁路、民航、石油等行业和领域,进一步引入市场竞争机制。对其中的自然垄断业务,积极推进投资主体多元化,允许非公有资本以参股等方式进入;对其他业务,非公有资本可以以独资、合资、合作、项目融资等方式进入。在国家统一规划的前提下,除国家法律法规等另有规定的外,允许具备资质的非公有制企业依法平等取得矿产资源的探矿权和采矿权。

(2) 国家将支持非公有资本积极参与城镇供水、供气、供热、公共交通、污水垃圾处理等市政公用事业和基础设施的投资、建设与运营。在规范转让行为的前提下,具备条件的公用事业和基础设施项目,可向非公有制企业转让产权或经营权。

(3) 在加强立法、规范准入、严格监管、有效防范金融风险的前提下,国家允许非公有资本进入区域性股份制银行和合作性金融机构。符合条件的非公有制企业可以发起设立金融中介服务机构。允许符合条件的非公有制企业参与银行、证券、保险等金融机构的改组改制。

为提高政府投资公共项目的投资效益和管理水平,许多地方已开始了有益的探索。例如深圳市设立了工务局,专门负责政府投资的市政工程和其他重要的公共工程的建设管理,负责工程的组织协调和监督管理工作,对承建的政府投资工程一律实行"交钥匙";上海市政府于2001年启动政府投资工程管理体制改革,实现政府投资职能与投资管理职能的分离、投资管理职能与工程管理职能的分离;宁波市政府对经营性的政府预算内投资工程委托城市投资公司运作,建委委托社会上有资格的审计机构对造价进行核准,对社会公益性的建筑工程委托城市发展公司运作,并在建成后负责资产的管理运作[13]。

由此可见,中国目前公共项目领域投资的需求很大,而国家财政能力有限,民间资本储备雄厚,因此全面导入公共项目采用私人主动融资(PFI)模式建设经营的时机已经成熟,从政府到民间,所需的基础条件已具备,政府的政策与导向显示了这种新融资建设模式进入中国经济发展主流的必要性与可行性。

0.2 PFI模式的概念及国内外应用状况

公共项目采用私人主动融资(Private Finance Initiative,PFI)模式或公共—私人合作伙伴关系(Public Private Partnership,PPP)模式来建设,已在发达国家和地区获得了良好效果和丰富的实践经验,并建立起了比较完整的理论框架体系。我国在2005年秋已允许非公有制经济进入金融服务、公共事业和基础设施领域,并对PFI导入到公共项目的投资、建设与经营进行了多方位的研究与探讨。

0.2.1 PFI的概念

1) 关于PFI

目前,关于PFI有多种定义,如任宏等给出的定义[14]是指政府以不同于传统的由政府负责提供公共项目产出的方式,而采取的促进私营部门有机会参与基础设施和公共产品的生产或提供公共服务的一种全新的公共项目产出方式。该方式实质就是政府与私营部门合作,由私营部门承担部分政府公共物品的生产或公共服务提供,政府则购买私营部门提供的产品或服务,或授予私营部门以收费特许权,或政府与私营部门以合伙方式共同营运,实现政府公共物品产出中的资源配置的最优化、效率和产出的最大化。

英国曼彻斯特大学金融与会计学院的Julie Froud[15]给出的PFI定义是:以签署合同协议的形式,通过私营部门和设计、融资机构,以及建设和资产管理等部门建立合作伙伴关系,将私营部门承担的角色和任务延伸到以往由公共部门提供的公共服务领域(例如健康卫生、教育、交通基础设施、监狱和政府行政管理职能),以实现最终交付高质量成果的目标。

英国财政部发布的PFI官方定义[16]是:公共部门以一个长期协议或合同的方式从私营部门购买高质量的服务,包括双方议定的交付成果、相应的维护维修或建设必要的基础设施。公共部门不仅希望获得私人融资,还希望能充分利用私营部门由于承担较大风险而产生的卓越的管理技能。

在我国,PFI有私人主动融资、私人融资计划、民间主动融资、民间融资活动等多种译法,本书认为,采用"私人主动融资"的译法更符合PFI模式的隐含特征,更能体现私营部门参与公共项目的主动性,与政府调动私营部门积极参与公共项目的建设运营的改革思路相吻合。显然,这里的私人含义并非是指自然人,而是指包括企业和个人的具有独立的投资决策权的非政府经济主体,或多种经济主体组合形成的组织。

2) 关于VFM

VFM的英文是Value for Money,指的是项目资金价值私人主动融资中一个重要的概念,是项目采用 PFI 模式后全寿命周期成本与传统模式下公共部门建设、经营总成本相比较后可以得到的价值增值,并要综合考虑评价的乐观偏好、可能发生的特殊风险以及可能发生的交易成本,进行适合的调整。

3) 关于 PPP

PPP 是英国工党政府基于 PFI 概念引入的一个新理念[17],旨在扩大公共部门与私营部门的合作领域和加强两部门的合作力度。具体而言 PPP 是公共部门为提供、交付部分公共设施及相关服务的项目而与私营部门之间缔结紧密的合作伙伴关系,签署合同或协议明确双方的权利和义务,以确保这些项目的顺利完成。PPP 的基本特征很明确,即公私双方共享投资收益,分担投资风险和共同承担社会责任[18]。

PPP 的典型结构是公共部门设立独立的投资项目,私营部门投资建设并负责运营维护。作为政府公共机构,要给它提供相应的运行环境及法律服务。在这种合作过程中,公共部门和私营部门各有其独特的优势,建立公共—私人合作伙伴制是为了使合作双方能各展所长,最大限度地发挥各自的优势。一般而言,公共部门的优势体现在可根据需要制定相应的政策,有政策支持和其他相关部门和机构较强的支持和协助;但其劣势在于:缺乏足够的资金,管理理念和方法落后,服务的效益和效率较低。私营部门的主要优势在于融资渠道和方式多元化,资金相对充裕,拥有先进的管理模式与丰富的管理经验,灵活性强且可能具备较强的创新能力,但是私营部门承担风险能力有限,PPP 模式正是结合了双方的优势。

PPP 模式是 20 世纪 90 年代发展起来的,其定义并不十分精确,而且由于政治体制不同、经济发展水平不同,PPP 在各国的解释和界定也不完全相同。但是伙伴关系不是 PPP 的核心要素,重要的是如何在合作中创造价值和实现优势互补。PPP 融资的基本原理是:对私营部门可以控制的方面予以不同形式的激励,而在私营部门不能控制的方面则不能进行惩罚。

0.2.2 国际上 PFI 模式的应用情况

1) 国际上 PFI 的发展状况

(1) PFI 发展起源

第二次世界大战之后的相当长时间内,无论是在西方发达国家,还是在发展中国家,各国政府(包括地方政府)都是公共项目特别是城市基础设施项目投资与建设的主导者。随着经济社会的快速发展,公共基础设施的需求不断增大,单靠国家财政投入已经远远不能满足巨大的社会需求,同时政府在公共项目建设与管理中的高投入、低效率和资源的高消耗,已经成为一个世界性问题。

20 世纪 60 年代,以英国为代表的西方各国国家财政赤字逐年递增,失业率上升,经济增长显示出相对停滞,中央和地方政府机构臃肿,公共服务质量低下[19]等诸多问题突显,引发了世界范围内的公共基础设施建设的制度创新。从 20 世纪 80 年代起,许多发达国家和部分发展中国家纷纷推动政府再造(Reengineering Government)和行政改革运动

(Administration Reform),以减少财政赤字,增强国家竞争力,提升公共服务品质。英国撒切尔首相执政的政府提出了强硬的机构精简瘦身的"小政府"改革方针,并对国有企业进行大幅度的组织流程再造和民营化,试图通过全面的行政、财政改革促进经济发展。相应地,公共部门进行了持续不断地精简机构、减少管制的改革,将市场经济原理引入到公共项目中,邀请民间部门以长期合作协议的形式进入到以往单一由公共部门提供的公共服务和基础设施建设、运营领域,政府成为项目的指导者、合作者、监督者以及服务的购买者。这种改革无论是颁布的政策还是实施步骤等都在梅杰政府和布莱尔政府中得到了进一步的发展,并成为世界性的公共政策改革方向[20]。

同时,欧盟组织为了加强成员国之间的经济趋同,1992年2月在荷兰的马斯特里赫特首脑会议上通过了以建立欧洲经济货币联盟和欧洲政治联盟为目标的《欧洲联盟条约》(通称《马斯特里赫特条约》,简称"马约"),该条约为统一欧共体内的货币作了法律与技术上的准备。经济趋同包括以下条款[21]:

a. 政府财政赤字占GDP的比例不得超过3%;

b. 公债款额占GDP的比例不得超过60%;

c. 加入单一货币前一年的通货膨胀率不得超过欧盟通膨率最低的三个国家的平均通膨率1.5个百分点;

d. 长期利率不得超过欧盟利率最低的三个国家的平均利率2个百分点;

e. 必须加入欧洲货币体系汇率机制。

这些条件限制了各国政府财政支出的大幅增长,迫使其增多公共项目的融资方式,尽可能降低公共部门的债务比率,因此,在公共项目上尽可能多地运用私人资金与管理技术已成为许多国家重要的经济政策选择。

(2) 英国引入PFI的状况与发展

英国是最早引入PFI模式的国家。1992年秋,英国提出并大力推行PFI模式,即民间部门以多种形式,把民间资金、管理技术和管理理念全面引入到传统的政府公共项目,重点是公共基础设施领域的项目,以期在相当程度上克服传统模式中高投入与低效率、资源高消耗与服务低质量等一系列的弊端。这种集融资、建设与运营管理于一体的新思想一经推出,就受到了英国政府的高度重视,其后亦受到众多发达国家和地区政府的瞩目。

梅杰首相率领的保守党政府首先开始实施私人主动融资计划,指导思想是原来由政府部门提供的公共服务和公共设施的建设、运营等,最大限度地委托给私人开发者,政府的角色由公共服务的提供者转变为公共服务的购买者。1993年底,为有效推进PFI,英国财政部专门设立了"私人融资研究小组"(Private Finance Panel),由中央和地方政府的公共部门和私营企业的相关人员共同组成,进行PFI的理念启蒙和普及工作。研究小组的专家提出,对于采用PFI或PPP模式的项目,最基本的两个要求是:① 私营部门必须分担项目的一部分风险;② 代理机构要站在纳税人的角度,保证项目确实能取得资金价值[22]。

1997年5月,布莱尔首相领导的劳动党执政后继续积极推进PFI,废弃了关于PFI的

"通用评估规则",引入PPP的概念。为进一步推进和改善PFI实施流程,"私人融资研究小组"被解散,新设立"财政部特别工作组"(Treasury Taskforce)协调商业问题。特别工作组建立了作业标准,以提高工作效率。工作组下分设项目团队和政策团队,政策团队的领队由财政部官员担任,负责解决公共部门相关政策指南制定和在医疗卫生领域引入PFI的障碍解决,以及地方公共团体的相关法制修正等问题,积极推动与协调大型项目跨省份采用PFI模式。项目团队中有银行和法律方面人士参加,提供实务方面的帮助。

1999年12月,特别工作组下设的项目团队转变成一种新的组织结构——英国合作伙伴关系组(Partnerships UK,PUK),其本身就属于公共私营合作伙伴关系,其中政府部门占有49%的股权,以在公共部门和私人资本之间进行协调。PUK对采用PPP模式中出现的困难和创新问题提供帮助,其运作成本从项目费用或从持有的股本金中解决。

2000年4月,特别工作组的政策团队被吸收进了之前新设立的政府商业办公室(OGC)。为保证PUK能顺利完成公共部门的任务,2001年又由财政大臣设立了英国合作伙伴关系组顾问委员会。小组最重要的服务对象是针对代表中央政府部门的单个公共部门、地方自治政府部门、地方当局和其他公共团体。这个委员会每年开会两次,发布该财政年度的公共项目报告,对下年度的项目提供有益帮助。

(3) 加拿大的发展

加拿大在公共项目政府采购中采用的是PPP模式,目前已在联邦一级和一些省份(主要在安大略、英属哥伦比亚、新不伦瑞克省和诺瓦斯科舍省)成功建立了公共与私营部门之间的合作伙伴关系。加拿大的PPP实践经验中值得关注的是这几个省份为推进实施PPP所建立的不同的组织机构。

安大略省(Ontario)于1996年创建私有化办公室,由一位部长级大臣(未设部长职务)直接领导,下设秘书处,全面分析企业私有化可能引起的风险、带来的机会与挑战;让公众了解政府可以接受的私有化方式;给出贯彻实施私有化所需要的必要条件,并提供采用项目私有化是否可行的建议。这里所论述的私有化具有广泛意义,包括建立公共—私人合作伙伴关系。

英属哥伦比亚省(BC),是较少的几个在应用公共—私人合作伙伴关系(PPP)之前设立特别工作小组(PPP Task Force)进行全面调查的省份之一。这个工作小组对省政府投资战略的实施做出建设性的建议,这些战略是关于如何及时地将民间管理方式和资金引入一些传统上由公共部门投资的领域。

数年来BC省政府一直致力于积极推动其下属的城市与地区建立公共—私人合作伙伴关系,鼓励他们从中获得利益。2000年省政府发布了PPP手册,对如何建立和发展PPP所需考虑的因素和所需的环境条件和信息提供了指导。

新不伦瑞克省(New Brunswick),也是建立和发展PPP的省份之一。其政策是所有建立PPP的提案都必须通过特定的标准衡量及核准,保证新不伦瑞克人能从中获得最佳利益,其建立与发展过程必须是公正、公平和透明的,而且有理由证明这个提案是最佳选择。进一步地,在新不伦瑞克省建立的PPP应是以最经济、最有效的方式提供公共服务为目标,这种关系还应该为该省经济的全面发展做出贡献,尤其是在鼓励民营经济的成长、创造良性竞争环境和增长新的经济机会方面发挥作用。该省政府的相关政策包括详细的指南、协议草案和合适的程序过程。这些政策对项目的范围、所需达到的目标、竞争的环境和进程的透明公平、风险和利益如何最佳分摊、合同签订的期限以及参与各方间如何有效地相互沟通都作了详细的说明和规定。

诺瓦斯科舍省(Nova Scotia),对PPP的概念非常清晰,但尚未配套有明确的政策,而且与其他地区省份相比,诺瓦斯科舍省对PPP的建立和实施集中在学校建设上。与大多数省份不同,诺瓦斯科舍省直接承担各级公立学校的建设,历年来为建设新学校所负的债务令公众瞩目,新学校建设的需求、维护维修的一再延迟、教师工资与雇佣关系的冻结以及教育改革的推延(如一些新技术的应用),种种问题与省教育建设经费间的矛盾日益尖锐,而采用PPP非常有效地缓解了这一系列敏感的难题。该省政府强制性单一地在学校建设中推行PPP模式,尽管这些项目和程序也通过了省政府总审计师的审核和省政府相关的议程,并在贯彻实施中不断修正所发现的问题与错误,但还是引起了各界相当多的争议和讨论。为此,诺瓦斯科舍省政府在总结过去的成功经验和教训基础上进一步研究、修正与制定相关的指导政策。

(4) 日本的引入与发展

1995年在大阪召开的亚太经济合作(APEC)会议上,各国对社会资本的整合利用以及提高城市基础设施的建设运营效益进行了广泛的讨论,在此基础上,英国公共项目建设运营的PFI模式引起了日本政府的关注。1997年日本全国建设业协会(简称全建)和日本建设业团体联合会(简称日建联)等民间团体开始讨论如何利用民间资本,1998年PFI模式被正式引入日本并开始得到应用,并在日本基础设施的建设与改善方面发挥了重要作用,尤其在填补融资缺口和提高公共设施运营质量方面有重大贡献[23]。在PFI法颁布后的数年间,日本公共项目逐渐增大了应用PFI模式的比例[24]。

2) 国际上应用PFI取得的成效

交付优质公共服务的首要条件是已建有良好的公共服务基础设施。在英国,1997年政府公共部门净投资额仅达到49亿英镑,占GDP的0.6%;在近十年后,2005—2006年度公共部门净投资额预计达到470亿英镑,占GDP的2.1%,发展速度惊人。自1997年以来,英国公共服务方面的投资中以PFI模式进行的项目比例不断扩大,这包括合同的总份数和投资总额两方面:从1995年的9份项目合约、投资总额为6.67亿英镑至2002年的70份项目合约、投资总额为77亿英镑。在同一时期内,公共部门的总投资额从1997—1998年度的173亿英镑增长到2003—2004年度的334亿英镑,财政部的数据显示,采用PFI模式的投资比例一直稳定地保持10%～13.5%的增幅。值得一提的是2002年12月签署的伦敦现代地铁(the London Underground Limited,LUL)合同价值为157亿英镑,在2003—2004年度的PFI项目合同中占有极其重要的地位。根据英国财政部2006年3月发布的报告得知,自1987年以来,全英国签署的PFI项目合同数达677份,合同总额达427亿英镑。

据英国财政部对应用PFI融资模式的项目抽样调查,PFI项目取得了显著的成效。所有项目的成本都在公共部门的预算内,89%的项目都能按时或提前完成,77%的公共部门管理人员认为PFI融资模式的项目满足了他们提出的初期期望[14]。而在引入PFI项目之前,有统计数据表明,70%的项目不能按时完成,73%的项目超出预算。同时,在另外一份研究调查报告中表明,每100元固定资产中,各国政府投资比重分别为:日本19.4%,法国15.3%,美国10.7%,德国8.5%,英国6.2%。英国的投资比重最低,这与其在政府项目中大力推广PFI模式是分不开的。

尽管2003—2004年英国各地区政府签订的PFI项目投资累计额至少已有19亿英镑,地方政府公共服务投资的财政预算预计达到100亿英镑,但从图0.1中可以看出,政府的投资对于公共项目建设而言仍然是主要渠道。

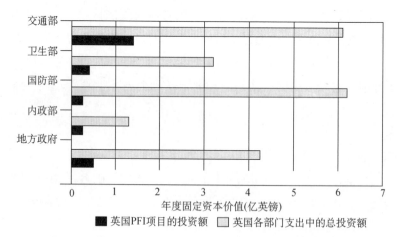

图0.1 英国各部门支出额度内总投资额与PFI投资额比例

资料来源:英国2003年预算报告

另外,对统计调查结果的分析还显示,对于IT业的项目,虽然采用PFI模式在一定程度上是成功的,但是绝大多数成功的项目都是在签署了合约后又重新谈判,以获得更大的灵活性,而与原PFI合同定义的产出结果有很大差异;根据定性研究得知,与其他领域的PFI项目相比较,IT领域的PFI项目有许多重要的不同之处,包括项目需要更大的灵活性,公共部门的业务系统对一体化有更高要求的水平,而且不需要或很少需要第三方融资。因此IT行业的项目采用PFI模式需要做专题讨论。

日本PFI推进委员会主席在2003年的一次会议发言中认为"公共项目采用PFI模式不仅能够比政府和地方机构提供更高质量的公共服务,而且可能降低项目生命周期内的总体成本"[25]。根据PFI协会的报告统计,至2001财政年度,全国PFI项目累计总预算达到了1 480亿日元,到2002财政年度累计总预算已跳至1 810亿日元。预测不久PFI的预算将很快达到1万亿日元。目前,大约有100个PFI项目已进入到预算报告中,另外还有100个项目处于研究之中[26]。

除此以外,世界各地对PFI模式也都有广泛的应用。智利于1994年引进PFI模式,至今已完成交通、机场、监狱等36个项目,投资额达60亿美元,不仅提高了基础设施的现代化程度,而且获得了充足资金投资到社会发展领域。巴西于2004年12月通过公私合营(PPP)模式法案,以法律的形式对国家管理部门运用PPP模式下的工程招投标和签订工程合同做出具体的规定。巴西已经列入2004—2007年四年发展规划中的23项公路、铁路、港口和灌溉工程将作为PPP模式的首批招标项目,总投资130.67亿雷亚尔。2000年悉尼奥运会主体育场——奥林匹克体育场,用PPP模式建设,通过国际招标选择中标人负责体育场的设计、投融资和建设,同时政府给予资金上的支持。法国巴黎为1998年世界杯足球赛的举行而建设的法兰西体育场也采用了PPP模式,总投资36 600万欧元,国家投资为19 100万欧元,其余通过招标由中标人负责筹集[27]。

这些国家和地区应用PFI的成功经验与失败教训都为公共项目的进一步高效发展及政府行政改革提供了许多新的研究课题,对尚处于起步阶段的我国国内市场有着重要的借鉴作用。

0.2.3 我国PFI模式的应用情况

中国公共项目应用私人主动融资模式主要集中在BOT方式。1984年,香港和合实业公司(Hopewell)联合中国投资发展公司共同发起的沙角B电厂项目是我国第一个BOT项目。经过20年的发展,国内对于BOT模式的理论研究已经比较成熟,以BOT模式运作的项目在基础设施领域得到了比较多的应用。

2002年6月5日,民间资本占85%的上海友联联合体与上海市水务局下属的水务资产经营发展公司签约,获得上海市最大污水处理项目——竹园污水处理厂20年特许经营权,日处理能力达到170万吨,总投资额为8.7亿元人民币,以BOT形式投资建设和运营,标志着民营资本正式进入我国水务市场[28]。此外,湖北襄荆高速公路、广东南海环保发电厂、北京肖家河污水处理厂等大型公共项目也采用了BOT模式。

2004年在黄山由国家财政部与国际金融公司主办的公共部门与私营部门合作论坛(Public Private Partnership Forum 2004)上,PFI受到广泛的关注,来自各界的人士就此开展了许多相关讨论。

2005年3月,广州市在获得2010年亚运会主办权后,首次对外公布了亚运会包括赞助、特许经营权和场馆建设在内的市场开发三大设想,积极引导个体、私营企业兴建和经营城市基础设施及公用事业,以便更好地"营销"亚运。广州市将对现有的37个大型体育场馆进行改造,并新建亚运村、新闻中心和若干大型体育场馆。除政府投入外,还将采取场馆冠名、BOT运营等方式吸引社会资金的注入,并考虑对公共大中型体育场馆实行所有权和经营权分离,通过合作、承包、出让、特许经营等方式,鼓励社会力量参与体育场馆的经营管理。

2002—2003年,北京市采用项目法人招标的方式,通过国际招标确定了8个奥运场馆及附属设施的业主,由业主负责项目的投融资、设计、建设和运营[29]。这些项目中社会投资已占到奥运场馆项目投资的一半以上,因此,从本质上讲,奥运项目法人招标就是属于PFI模式的。

于 2003 年 6 月正式奠基的杭州湾跨海大桥是民间资金建设公共项目的一个例子,该大桥是国内第一家以地方民营企业为投资主体、投资超百亿元的国家特大型交通基础设施项目,是目前世界上已建或在建的最长的跨海大桥,已于 2007 年 6 月 26 日顺利合龙,预计 2008 年通车[30]。2001 年 7 月,正式成立杭州湾大桥发展有限公司之初,总投资 118 亿元的杭州湾大桥,项目资本金占 35%,银行贷款占 65%。在企业投资的 35%中,宁波市和嘉兴市以 9∶1 的比例划分,其中民间资本就占了 50.26%,成为主导力量,而杭州的私人集团宋城以 17.3%的股份占了民营投资中的较大比例。但由于原材料价格上涨、利率上调等"变数",杭州湾跨海大桥的建设成本陡增,大桥投资额将增至 140 亿;2005 年宋城集团拥有的大桥股份又全部转让给国家企业中钢集团;另一方面部分民企股东不愿增资,持股比例下降。最终,大桥的民资份额由原先的 50.25%减至 30%左右,这一资本结构的变化,使得该项目不再是原来的民营资本控股。

0.3 公共项目应用 PFI 的国内外研究现状

伴随着 PFI 模式的应用实践,国内外学术界对其进行了一系列理论与方法的研究。

0.3.1 国外对 PFI 应用的研究现状

到目前为止,PFI 项目融资模式产生虽然仅仅十几年时间,但在英国、美国、日本和澳大利亚等发达国家已得到广泛的应用,对促进各国经济发展发挥了巨大的作用。由于 PFI 与 PPP 的概念在一些国家和地区是相互交叉或混合使用的,因此所作的研究包括了 PPP 和 PFI 两方面,主要可以分为以下四类。

1) 目前国外的研究动态

加拿大萨斯喀彻温省公共政策研究院(SIPP)高级研究员 Dr. John R. Allan 回顾了公共—私人合作伙伴关系产生的背景与深层次原因,给出了 PPP 的定义和分类,对这种模式下的风险分担和项目价值评估进行了分析,对英国和加拿大 PFI/PPP 的实践进行了分析和总结[14];英国下议院图书馆经济政策和统计处的 Grahame Allen 详细阐述了英国及欧洲国家经济改革的进程与脉络、国家财政面临的困难,定义了什么是 PFI、可以采用这种模式的项目范围及 PFI 项目的三种类型,对英国政府为有效推进 PFI 从特别工作小组到政府商业办公室所进行的组织变革作了介绍,讨论了采用 PFI 模式对公共支出可能带来的正面和负面影响,并对项目价值和风险分担作了深入的研究[31];Malcolm Bates 爵士作为英国财政部的咨询顾问作了"Second Review of the Private Finance Initiative by Sir Malcolm Bates"[32]报告,对英国政府的相关政策状况、合同的样本、特别工作小组的效率都作了全面回顾并给出了进一步改进的建议,提出了关于 PFI 的战略计划思想。

2) 国外已有的与 PFI 相关的文件

英国:由于 PFI 起源于英国,英国财政部所作的研究报告与文件最为全面,成为不少国

家和地区推进实施 PFI 项目的示范文本,具体见表 0.3。其中 PPP_财政部特别工作组给出的技术要点文件如下:

表 0.3 关于 PFI 的系列文件

编号	文件名称	文件简要内容
1	PFI:迎接投资的挑战(2003 年 7 月)[23]	文件解释了 PFI 在提供公共服务方面所起的极其重要的作用,给出了 PFI 实施的流程框架及相应问题的具体解决方案
2	资金价值最大化评价指南(2003 年 7 月)[16]	配合 2003 年 7 月发布的"PFI:迎接投资的挑战",在与公共、私营部门广泛和深入地讨论之后,财政部设计了项目价值最大化的程序框架,用以推动公共部门成本比较法(PSC)①的改善
3	PFI 标准合同文本(第 3 版)(2004 年 4 月)[34]	2004 年 4 月公共部门起草了新的 PFI 标准合同文本,它替代了 2002 年 9 月发布的合同文本第 2 版。新合同文本中包含有二次融资和允许借贷等新内容
4	信贷担保融资技术要点及草拟文件(2004 年 2 月)[35]	财政部发布的关于信贷担保融资程序的信贷担保融资计划的技术要点和草拟文件
5	绿色公共—私人合作伙伴关系(2002 年 6 月)[36]	由政府商业办公室(OGC)提供的关于在 PPP 和 PFI 项目团队中如何考虑环境因素和环境政策的建议,团队成员包括项目业主、管理人员、内部和外部的咨询顾问以及承包商
6	PPP_财政部特别工作组技术要点文件(2005 年 1 月)	其中包含 7 个要点技术文件,对 PFI 实施中的一些关键技术问题的解决提供了指导性方案,详见下文
7	定量评价用户指南(2004 年 8 月)[37]	该指南分为两部分,第一部分是用户指南,第二部分是工作案例。该用户指南是作为 PFI 评价电子数据表格的使用说明,而电子数据表格已经作为采购当局进行数量分析的工具,以帮助其通过对项目资金价值的确定来决策最终是采用 PFI 模式还是采用传统模式
8	PFI:加强长期合作伙伴关系的途径(2006 年 3 月)[38]	财政部新近发布的文件,旨在确定 PFI 在全方位交付现代化公共服务时能满足公众的需求,能持续地发挥重要的作用,提出了如何改善 PFI 项目的运行绩效,增加灵活性,进一步完善 PFI 的采购流程

① 要点文件 1[33]:如何核算 PFI 项目。该技术要点文件是财政部特别工作组发布的推进 PFI 关键技术要点文件之一。第一部分的要点集中在采购过程。这些文件是作为咨询顾问的建议而不要求强制执行,这意味着最终决策权在采购商(公共部门)手中。文件中提供了在良好的实践基础上总结出的咨询指南,这种指南给出了如何取得项目资金价值的建议。

该技术要点文件的目的是向一些公共部门和团体提供实践指南,第二部分从购买方和审计人员的角度就项目整体采购过程提供了进一步的指南。

② 要点文件 2[39]:如何在欧盟官方公报上发布采购广告。该技术要点是为公共部门和其顾问如何在欧盟采购体制下应用 PFI 项目提供帮助。这个文件是通过一个个的案例来解释和说明,但在一些关键部分(例如采购商的选择),财政部采购政策团队和特别工作组提供了指南。

③ 要点文件 3[40]:如何委托和管理 PFI 项目的顾问。该技术要点的目的是帮助公共部门在正确的时间选择适当的项目咨询顾问。

---

① Public Sector Comparor

④ 要点文件 4[41]：如何选择最佳投标人并与其合作。该技术要点的目的是为公共部门提供以下帮助：如何能公平地和成本合理地选择与中标商最终谈判的最佳时机。

⑤ 要点文件 5[30]：如何评价资金价值(VFM)。该技术要点设立了一种对采用 PFI 模式的项目投资计划是否取得资金价值(VFM)进行评价的新方法，是原技术要点文件 5 的替代文件。在任何决策过程中，早期实施阶段能否达到资金价值最大化是非常重要的，同时还应保证如果在任何一个阶段项目不能达到资金价值最大化，项目的采购(获取)路线有足够的弹性。而且，新的 PFI 评价方法包括了公共部门成本比较法(PSC)的改革。

⑥ 要点文件 6[42]：如何管理基于长期合同的 PFI 项目交付。该技术要点为公共部门团体提供了 PFI 全寿命周期广阔范围内的一般性管理的应用指南，指的是保证项目按合同要求的服务交付；妥善处理合同履行中的各种变更；一旦整体的支付得到批准就意味着该项目的资金价值最大化已得到实现。

⑦ 要点文件 7[43]：如何获得 PFI 项目的优质设计质量。该技术要点是得到建筑师委员会(CFA)、建造环境和建筑业协会(BE-CIC)和国家审计办公室(NAO)的认可的。该文件旨在为公共部门采购团体提供如何在 PFI 项目招标中保证获得最优建筑或设备的设计方案。这些建议可能包含针对非 PFI 项目的条文，但中心点是围绕 PFI 采购过程管理的，特别是：投标人之间的关系协调；在竞争初期提供必需的清晰信息以及如何评估标书；保证设计需求与项目预算保持一致。

日本：1999 年，日本国会颁布《私人主动融资法》[44]，目的是提供合适的立法框架以促进 PFI 模式的规范化发展需求，这部法律又被称为《PFI 法》。

内阁办公室在 2001—2004 年之间公布了一系列的文件指引：① PFI 项目的风险分配指南；② PFI 项目价值评估指南；③ PFI 标准合同文本；④ PFI 项目运营监控指南。

南非：南非在 PPP 方面建立的法律、政策比较全面、系统完整。根据 1999 年公共融资法案(PFMA)，2004 年 3 月 National Treasury 出版了《标准 PPP 规定》[45]，这个规定涉及合同的很多方面，其全面性和英国的 PFI 合同标准第三版相当，被应用于公共机构或单位。

2004 年南非的 PPP National Treasury 出版了《2004 年 PPP 年鉴》[46]。这个年鉴对于 PPP 实施者是一个很好的实践指南。根据 1999 年公共融资法案(PFMA)，PPP National Treasury 在 PPP 年鉴中建立了很多关于风险分配、定价等模型，与 2004 年 1 月的标准 PPP 规定一起加以利用。

澳大利亚：澳大利亚为推动和促进 PPP 模式的发展设立了澳大利亚基础设施发展委员会(The Australian Council for Infrastructure Development，AusCID)，并依托维多利亚州政府对 PPP 模式的发展进行了积极的推动，维多利亚州对 PPP 模式建立了完善的发展体系和应用大纲，在政策、指导方针、技术措施、顾问咨询等各方面出版了一系列文本与指引，2000 年以《维多利亚合伙政策》(Partnerships Victoria Policy)为蓝本作为指引方针，旨在提高公共事业和基础设施的核心服务能力、公众兴趣、合理的风险分配以及最大的资金价值。此后又出台了关于水务项目和 PPP 合同管理的政策及相关指南，为私人投资者提供了详尽的鼓励措施和技术支持。2003年6月出版了《维多利亚合伙指引材料——合同管理指引》[47]。

3) 对PFI项目风险分担进行的分析和评估

普华永道国际会计公司英国分公司的Chris Rodger和Jason Petch在商业动态实践栏目下撰写了《Uncertainty & Risk Analysis》[48]一文,该文构建了对PFI项目进行风险分析的阶段,并逐一深入分析了风险辨识的方法、风险如何量化的理论基础和分布函数的选择、风险分析的蒙特卡洛模型和风险分析结果的图形与统计表达。

英国学者Julie Froud[15]分析了对英国PFI实践中由政策及公共服务引起的风险、不确定性、政府职责的概念性管理体系,提出PFI合同协议较适合与提供中长期公共服务的项目;英国学者Li Bing、P. J. Edwards和C. Hardcastle[49]认为英国的PFI是PPP的一种形式,目的是综合竞争性招标和弹性谈判的优势,把原先由公共部门承担的风险转移出去,最终的风险分担协议应覆盖合同协议的全过程。Li Bing等把PFI项目实施中可能遇到的风险分为宏观、中观及微观三个层次,通过各方对调查问卷的回答来确定各种风险的最佳承担者。

南美学者Lucy W Chege[50]讨论了风险管理与建筑业采购模式之间的关系和适宜的采购模式的选择。Lucy W Chege认为任何一种模式的主要目标都希望将风险在项目发起人和承包商之间做最恰当的分配与转移,不论是BOT还是DBFO模式。论文还重点讨论了在不同项目的风险分析和基于此最佳的采购模式选择。

Darrin Grimsey和Mervyn K. Lewis[51]首先论证了对于公共采购必须保证的是能够获得项目价值,这意味着项目公司需要以较少的资本金注入、较低的运营成本和资本费用,以及稳定的营业收入来保证。Darrin Grimsey和Mervyn K. Lewis指出PFI的风险评估是很复杂的,需要分别从公共和私营部门的角度进行分析,进而在实践经验的基础上建立了一个评估框架,并以一个最典型的PPP项目——苏格兰废水处理设施项目进行了案例分析。

英国学者Li Bing, Akintola Akintoye及Cliff Hardcastle[52]在他们自己的博士学位论文中对公共—私人合作伙伴关系(PPP)项目建立了一个概念性的风险分担过程模型,并得出两个重要的结果,一个是根据因素分析找出了18种提高项目VFM的方法,这些方法可以归为四类:项目效率、项目可持续能力、多重利益目标和公共项目的有效采购;另一个是以表格的形式对项目内部的风险分担进行了定性分析,结果显示PPP项目中大多数的风险是由私营部门承担的,但有一部分风险则很难做出归属。

4) PFI实践中一些问题的思考与总结。

英国学者Michael Spackman回顾了英国政府过去十年在公共服务领域的改革,私营部门对项目的介入从单纯运营逐步扩大到融资、建设和运营等阶段[53]。通过分析,Michael Spackman认为同传统的融资采购模式比较,PFI模式在效益与成本两方面具有明显的优势,但项目融资在资产平衡表上的优势体现得并不明显,当前推进PFI的主要驱动力尚停留在意识形态和财务报表上。日本经济研究院的 Takamasa Kanaya 和 Miki Ikuta 回顾了日本城市基础设施建设运营的历程、从中所吸取的经验教训以及对未来基础设施良性发展的建议[54],进一步具体地讨论了日本采用公共—私人合作提供公共基础设施的经验、方法、发展趋势和面临的问题。德国学者 Katrin Fischer 等讨论了设立 PPP 特别工作小组对实现 PPP 项目和获得项目资金价值的影响[55],在对欧洲、北美、南美、亚洲和澳大利亚等地为实施 PPP 设立的专门组织和机构实际调查的基础上,从制度经济学的角度提出设立 PPP 特别工作小组的必要性。Katrin Fischer 着重讨论了德国 PPP 工作小组在项目实施中的作用,得出了设立工作小组才能更好推进 PPP 项目实践等结论。

0.3.2 中国对 PFI 模式的理论研究现状

近年,国内已有大量讨论 PFI 和 PPP 的论文发表。有关于 PFI/PPP 的概念及其在中国的应用方式方面主要有:侯祥朝、姚兵提出了构建有中国特色的 PFI 模式的思路[56];任波、李世蓉从公共经济理论角度介绍了 PFI 产生的背景、概念、典型模式和应用基本原则[14];韩传峰、台玉红的研究引入了英国实施 PFI 的适用条件和实施的初步程序[57];侯祥朝、林知炎等提出融资代建制是符合国际惯例又有中国特色的 PFI[58];刘志介绍了北京奥运场馆项目招标中 PPP 融资模式和 BOT 的运作模式的引入情况[59];张丽娟在借鉴国际上 PFI 模式应用经验的基础上,对 PFI 模式应用于我国城市基础设施建设的价值进行了分析,提出了应用中可能需要解决的几大问题[60];胡振、张建儒等从制度经济学的角度研究了 PFI 在我国推行的制度核心问题[61];还有一些论文侧重介绍了 PFI 在交通基础设施建设[62,63]、地铁建设[64]、供水工程建设[65]、公益性水利项目[66]等方面的应用。

在公共项目风险分担与评估方法研究方面,张治强结合基础设施项目投融资的实践,对项目融资的基本特点进行了系统的分析,同时对基础设施建设项目融资的风险识别、风险评价、风险管理进行了探讨[67]。高析认为在基础设施投入不足的发展中国家,为大型电力项目筹集建设资金,BOT 是新型有效的融资模式,其核心问题是风险如何分担[68]。文中针对我国首次使用 BOT 融资概念建设的基础设施项目——深圳沙角 B 电厂,分析了其有效的风险管理机制。李永强、苏振民以苏格兰东部废水处理项目为例从项目拥有人、项目公司和投资人等不同的角度对各自存在的风险进行了分析,佐证了该项目采用的融资方案的合理性[69]。吴泽宁、索丽生等针对水利水电项目经济评价中存在着众多模糊不确定因素的客观实际,分析了影响经济风险的模糊不确定性因素的特点;研究了基于模糊不确定性的水利水电项目经济风险分析方法和风险评价指标,结合实例对应用模糊数学法与分析技术法评价项目风险的结果进行了有益的对比分析[70]。张武、宇德明结合加权平均资本成本法和蒙特卡洛模拟法提出了动态评价风险的 NPV 法,讨论了其决策准则,建立了计算模型[71]。赵朋、刘应宗把模糊综合评价法引入评估过程,以泰达小学工程为例进行了承包风险评估,详细说明了模糊综合评价法在建设工程承包风险评估中的应用[72]。

北京天则经济研究所公用事业研究中心是国内对公用事业进行独立研究的非盈利的民

间机构,主要从事公用事业新发展模式PPP理论的介绍、公用事业民营化的政策研究以及对我国公用事业民营化的改革探索与案例分析[73]。清华大学国际工程项目管理研究院对BOT/PPP开展专题研究,介绍国内外BOT/PPP项目的运作方式和政策要求,讨论相关工程项目的实施和融资特点和技巧,剖析交通、水务领域应用BOT/PPP项目的案例[74]。

0.3.3 我国目前对PFI模式研究存在的问题

把PFI模式引入到我国公共项目的建设与运营管理中不仅可以利用民间资本有效解决政府财政经费短缺的困难,还可充分利用民间的优秀经营管理人才和经验,提升公共项目的运行效益和服务质量。从研究角度看,虽然相应的研究自2000年起就已开始进行,但至目前为止,还是存在大量的问题,使得PFI的推行仍处于探索阶段。

1) 关于对PFI内涵的认识

PFI首先是一种新的融资方式,把民间资金运用到传统上由政府投资的公共项目中,但PFI的内涵并不仅仅包括项目的多元融资,其精髓是一种包括项目策划、融资、设计、建设、运营直至移交的全寿命周期的项目管理。因此,对PFI模式的全过程控制与研究关系到项目是否能取得比传统方式更优的效益,而目前相关的研究尚欠缺,相关的经验、教训也有待积累。

2) 关于PFI的指导性实施流程

由于每一个PFI项目都须要签署众多的协议合同,涉及众多的单位与部门,关系错综复杂。而目前国内缺乏针对PFI项目全生命周期实施的指导性流程,即缺乏标准化的样板,使得各部门在实施过程中无章可循,不仅可能会走很多弯路,而且可能增加项目成本、降低总体效益。而国外已有的标准流程与我国的国情是有差异的,因此,在借鉴的基础上构建我国PFI项目实施的标准流程作为指导,既是迫切需要又具有非常重要的意义。

3) 关于PFI模式应用的关键环节控制

PFI的成功实施,体现在全寿命周期的总费用最低,所获得的整体效益最优,因此,在PFI实施过程中,必须控制好一些关键节点,如项目和项目承担人选择、资金价值评估方法、风险评价与管理方法等。目前适合我国公共项目具体情况的解决方法还很缺乏。

4) 关于专门配套的法律体系及合同示范文本

民间资金进入到公共项目中,最重要的问题是公私双方如何分担风险,如何分配利益。在建设与营运漫长的期限内,任何一个阶段、一个环节出现了问题,都可能给项目带来巨大的损失,而这些问题的协商、仲裁至最终解决必须依托于完善的法律体制,这在英国、日本等较好推行PFI模式的国家中有着诸多的经验与教训,这些国家都已建有专门针对PFI的法律法规,并在进一步的完善中。

我国现行的投融资管理体制已有系列规定文件,形成了一系列行之有效的做法,目前投资领域实施行政管理的主要依据,是以国家计委、国家建委、财政部联合发布的《关于基本建设程序的规定》《基本建设大中型项目划分标准》《关于固定资产投资项目试行资本金制度的通知》为基础。已颁布的相关法律、法规有《中华人民共和国行政许可法》《中华人民共和国建筑法》《中华人民共和国招标投标法》《中华人民共和国合同法》《中华人民共和国担保法》《外商投资开发经营成片土地暂行管理办法》等，针对 BOT 的专门立法有《市政公用事业特许经营管理办法》[①]、《关于以 BOT 方式吸收外商投资有关问题的通知》[②]，以及《关于试办外商投资特许权项目审批管理有关问题的通知》[③]，对于私营资金进入公共项目领域颁发的有《国务院关于投资体制改革的决定》[④]。

但是关于投融资方面的法律法规体系尚不健全，至今没有一部投资方面的基本法律，只有部分可以引用或应用的相关政策、法律和条文，而主要针对民间主动融资（PFI）的法规与政策，尚是空白。相应的合同标准示范文本也未有编制，而这些对于减少合同双方的歧义、减少纠纷甚至是诉讼都是至为关键的。

这些问题中，有关法律的建立和合同示范文本的编写，不仅涉及面广，而且与国家的政策紧密相关，这需另设课题深入研究讨论，其他几个问题在本书中都将逐一进行研究。

0.4　本书研究的主要内容与研究框架

本书综合运用项目管理、合同管理、项目造价分析、项目风险分析、价值评估、模糊数学等理论对我国公共项目应用 PFI 模式的方法进行了比较系统的研究。PFI 不仅是一种融资模式，更是一种集项目策划、融资、建设、经营管理和后期移交为一体的项目全生命周期管理方法。在充分借鉴和吸取国际上 PFI 模式应用的成功经验和失败教训的基础上，提出了 PFI 模式在我国应用实施的框架流程和关键成功因素，重点研究了公共项目是否选择私人主动融资模式建设经营、如何选择合适的 PFI 项目承担人等一系列核心问题，研究了对是否采用 PFI 模式起决定作用的项目资金价值的评估方法以及与此相关的风险评价分析方法。

本书的研究框架见图 0.2。绪论中论证了我国公共项目应用 PFI 的必要性与可行性，对国内外公共项目应用与研究 PFI 模式的现状作了综述性的论述。

第 1 章中在对 PFI 模式的主要形式和适用范围进行系统分析的基础上，提出了 PFI 模式的实施流程，分析了 PFI 模式实施过程中的核心管理问题和关键成功因素。

第 2 章中，考虑到公共项目并不是都适合应用 PFI 模式，研究了公共项目是否采用 PFI 模式的选择过程，提出了定性和定量相结合的 PFI 模式选择方法，对 PFI 项目合适的组织机构和融资结构进行了探讨。

---

① 2004 年 5 月 1 日建设部颁发。
② 1995 年 1 月 16 日对外贸易经济合作部颁发。
③ 1995 年 8 月 21 日，国家计委、电力部、交通部颁布。
④ 国发〔2004〕20 号 2004 年 7 月 16 日颁布。

第3章中就采用PFI模式的公共项目,研究了项目承担人的选择流程,提出了项目承担人的评价和选择方法,并利用应用示例对项目选择和项目承担人确定方法的应用进行了说明。

第4章中对应用PFI模式的项目资金价值评估方法进行了研究,提出了资金价值评估的三阶段过程及定性和定量相结合的资金价值评估方法,并以蒙特卡罗模拟法对PFI项目资金价值的定量评估做了示例演算。

第5章中对PFI模式的风险评价与管理方法进行了研究,从宏观、中观、微观三个层面讨论了PFI项目风险估计的方法,有针对性地建立了PFI项目风险模糊综合评价模型,并作了实质性研究。

本书最后以台湾南北高速铁路为案例,分析了公共项目PFI模式应用的经验和教训及其核心问题,说明了对本书提出的PFI模式应用进行资金价值评估、加强风险管理的重要性。

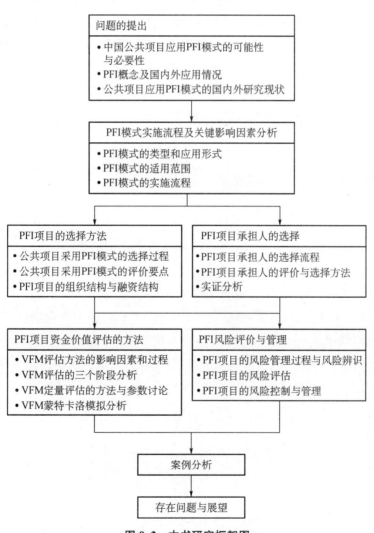

图0.2 本书研究框架图

1 PFI模式实施流程及关键影响因素分析

PFI模式代表了国际上基础设施、公用事业等公共项目集融资、开发和运营于一体的管理趋势,尤其多应用于道路、桥梁及社会福利性质的建设项目中。它在公共项目中的应用首先是一种多元化的项目融资方式,但还包括利用民间资金去开发、建设、运营那些传统上由政府公共部门进行开发的项目,涉及项目的策划、设计、融资、建设直至运营的项目全寿命周期,这些恰是PFI的基本要素。因此,对PFI的研究首先应研究其包括全部要素的完整的实施流程。本章首先讨论了PFI的类型及应用形式和适用范围,其次研究了PFI的实施流程,进一步探讨了PFI模式实施过程中的几个关键管理问题和成功要素。

1.1 PFI模式的类型和应用形式

1.1.1 PFI模式的类型及主要应用形式

1) PFI模式的典型类型

根据出资方和资金回收方式的不同,PFI项目有着不同的类型。在这些类型下还有着不同的具体应用形式,通常PFI模式可以划分为如下三种典型的类型[23,75]:

(1) 独立运作型(Financially Free-Standing Projects)

独立运作型的PFI项目,通常是政府授予特许经营权的公共事业项目(图1.1)。私营部门提供服务时,政府并不提供财政支持,但在政府的政策(特许经营)支持下,私营部门通过项目服务向最终使用者收费,以回收成本和实现利润,并承担该项目的所有风险,项目期满后再转交给政府。典型的独立运作模式包括BOT、BTO、BOO等形式。

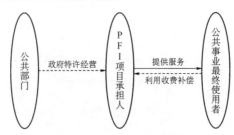

图1.1 PFI独立运作型模式

这种类型的项目不需要与传统方式的成本相比较,因为不从政府部门获取资金,只要项目评价是有效益的,就可实施。相关的典型案例如:由私营部门全程负责项目的融资、设计、建设、偿还债务和运营的收费公路和桥梁,私营部门在政府的特许下,通过适当地调整对路、桥使用者的收费来补偿成本、增加利润。在这种模式下,公共部门对项目的作用是十分有限的,仅是承担项目的前期准备工作、选定项目承担人(或称为受让人),与其签订有效的合同协议。

(2) 服务购入型(Services Sold to the Public Sector)

这种类型的项目也是由私营部门实施公共事业项目的建设与经营(图1.2)。但与上述形式不同的是,私营部门提供项目的服务,公共部门收费以补偿私营部门对该项目所产生的成本。多数情况下,部分成本打入资本支出。这样的项目主要包括私人融资兴建监狱、医院和体育场馆设施等。

图1.2 PFI服务购入型模式

(3) 合资经营型(Joint Ventures)

这种类型的项目中,公共部门和私营部门合作建设,私营部门承担主要的经营职能,双方共同分担成本和共享收益(图1.3)。

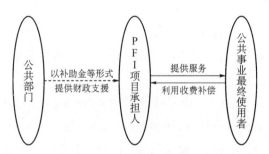

图1.3 PFI合资经营型模式

但是为了使项目成为一个真正的PFI项目,项目的控制权一般是归私营部门,公共部门只是一个合伙人的角色。该类项目主要利用项目运营收费来补偿成本,当收费不足时,公共部门提供财政上的支持。与其他两种形式相比,这种形式的项目周期和投资回收期一般更长,公共部门主要从社会效益角度提供支持,具体形式可以是提供特许条件的贷款、资本金、已有资产的转移,也可以是辅助或协同私营部门工作等。如果公共部门拥有股权,也不应处于控股地位。该种类型主要应用在隧道、铁路建设项目和一般项目的二次开发或重建上。

2) PFI 模式的主要运行方式

PFI 模式是针对公共事业项目的开发、融资、建设与运营，从根本上来说，是一种新的全过程的管理模式，但该模式的具体运作可以采用不同的方式，主要包括：

（1）设计—建设—融资—运营（Design-Build-Finance-Operate，DBFO）方式

这是英国最常运用的方式，由项目公司根据相关协议对各阶段相应合作伙伴进行管理，不牵涉项目及产权的拥有、转让问题。该模式由私营部门负责融资设计、建设并运营公用项目，在合同期提供服务，政府根据特许协议支付一定的费用，私营企业的回报也包括提供服务获得的收入。以此方式为基础，又形成了另外两种运作方式，分别是：设计—建设—融资（DBF），即根据特许协议由私营部门负责融资进行设计及建设，而不承担运营服务，项目建成后将其有偿转让给政府，公共部门自行运营，或将其服务转移到另一私营部门；另一种形式是设计—建设—运营（DBO），即融资责任由公共部门承担，私营部门在特许协议的约束下，负责设计、建设及运营，公共部门付费购买该项目的设施与服务。

（2）建设—运营—转让（Build-Operate-Transfer，BOT）方式

政府部门为项目的建设和经营提供特许权作为项目融资的基础，由本国公司或者外国公司作为项目的投资者和经营者安排融资，承担风险，开发建设项目，并在有限的时间内经营项目获取商业利润，最后根据协议将该项目转让给相应的政府部门。

在一些资料和文献中，也有把 BOT 与 PFI 并列为两种独立的项目融资和建设管理模式，但从两者的定义与内涵来看，是有很大区别的[76]。BOT 和 PFI 在指导思想上的一个不同之处在于政府着眼点的不同。BOT 旨在公共设施的最终拥有，而 PFI 在于公共服务的私人提供。本书中把 BOT 列于 PFI 下的具体运作方式中。采用 BOT 方式，可以减轻政府的财政负担，大幅度降低政府的风险，还具有组织结构简单、项目运作效率高等优点；但在项目运营期内，政府对项目失去控制权，同时政府与项目承担人之间的风险分担是与利益分配相联系的，如何达到双赢正是当前需研究的课题。BOT 方式偏重于大型的能源、交通、电力等回报率较高的基础设施项目，而对于学校、监狱、医院等投资回报率较低的领域则需要采用其他方式实施 PFI。

（3）建设—开发—运营—转让（Build-Development-Operate-Transfer，BDOT）方式

该方式的特点是政府在特许经营权中向项目承担人授予了与项目相关产业和区域的开发权，通过有效开发产生稳定的资金流以支持非盈利性基础设施的建设。

（4）建设—拥有—运营—转让（Build-Own-Operate-Transfer，BOOT）方式

该方式的特点是在项目建设结束后，项目承担人在特许经营期内拥有对项目的所有权。

（5）建设—拥有—运营（Build-Own-Operate，BOO）方式

与 BOOT 比，该方式的特点是在特许经营期满后不须再向政府机构转让该项目。

（6）建设—转让—运营（Build-Transfer-Operate，BTO）方式

该方式的特点是由于项目提前转让，税收主体发生了变化，由项目承担人转移到政府机构，借此合理减少项目的税费，但这要根据各国政府的税制政策来决定。

(7) 建设—租赁—转让(Build-Lease-Transfer,BLT)方式

这是政府以租赁的形式把项目的建设与运营委托给私营部门,在委托期满后把项目的所有权转让给私营部门,这也与税收制度有关,可以合理规避财产税。

以上主要是针对新建设施,PFI模式在扩建和已建设施中的运用也有多种方式,归纳结果见表1.1。

表1.1 PFI项目主要运作方式

设施类型	适用的模型
新建设施	DBFO:设计—建设—融资—运营
	BOT:建设—运营—转让
	BDOT:建设—开发—运营—转让
	BOOT:建设—拥有—运营—转让
	BOO:建设—拥有—运营
	BTO:建设—转让—运营
	BLT:建设—租赁—转让
已有设施扩建	LBO:租赁—建设—运营
	BBO:购买—建设—运营
	Warp-around Addition:扩建后经营整体工程并转移
已有设施	Service Contract:服务协议
	Operate & Maintenance Contract:运营和维护协议
独立的公共服务	合同承包

1.1.2 PFI模式的特点及与PPP的关系

1) PFI模式的特点

PFI的特点主要体现在如下方面:

在PFI项目中,政府不再购买建筑工程,而是购买服务。在这种模式下,服务的提供方("运营方")将进行融资并建设项目的固定设施,然后与政府签订长期合同,在合同期内提供项目服务。这样,政府不再以传统方式涉入项目的建筑过程,也得以从传统模式下复杂的全过程开发的重任中(这个重任并非政府的擅长之处)解脱出来去规划更多的项目。事实上,政府几乎无一例外地只对购买提供的服务感兴趣(道路桥梁的交通流量、污水处理能力以及医院病床数等等),而不是对获得作为建筑本身的固定资产感兴趣。另一方面,PFI模式使得项目公司(SPV)可以对项目全寿命周期成本进行整体性的考虑,从而使政府在整个项目投入上的成本低于传统模式下的总成本。

从私营部门的角度看,可以把PFI看做是一条以开发、建设和运营为核心的产业链条,私营部门在PFI中获得的不单是某一环节的效益,而是不必在短期内急于寻找下一个项目也能确保的长期回报。如果该项目有充足的证据预测未来市场运营良好,收益长期稳定,对

私营部门的吸引力是巨大的。

PFI模式是在公共部门和一个项目（也称特殊目的）公司（Special Purpose Vehicle/Corporation，简称SPV/SPC）之间签订合同协议，这个公司是由一系列相关的私营公司和公共部门（必要时）组成，通常包括融资公司或投资商、建筑总承包公司（或设计公司与建筑承包商）、物业管理公司和运营商等。在PFI模式下，公共部门在合同期限内因使用承包商提供的服务和设施而向其付款。在合同结束时，有关资产的所有权或者留给私营部门（承包商），或者由公共部门收回，取决于所签订合同的条款规定。

2）PPP的类型

按照英国财政部对PPP模式的分类，PPP有以下三大类型[19]：

（1）私营部门以投资入股的形式进入到政府拥有的项目或业务中。即私营部门以购买多数或小部分股份的形式（即部分私有化）与政府部门形成合作关系，在资本结构中占有一定比例（不论是自行筹资开办还是作为战略性伙伴）。

（2）以私人主动融资形式。即私营部门以合作伙伴形式承担公共项目的融资、建设、提供公共服务和维护维修的责任，与公共部门分摊风险、分享利益。

（3）将政府的服务以合作运营的形式出售给全部或部分私有化企业，目的是利用私营部门的专门技术和资金来开发政府的商业资产。

3）PPP与PFI的关系

PPP与PFI之间并没有十分明确清晰的界限，这两个术语经常被替代使用。

但是PPP的概念与边界比PFI要更宽泛，只要存在公私两部门长期的广泛的合作，都可以被称作PPP模式。在这种模式下外资企业介入的较多，而PFI更强调启动民间资金，实现公共项目融资、建设和运营的多元化，强调国内私营企业的主动介入。英国财政部将PFI作为PPP内的一种主要模式对待，加拿大和澳大利亚的相关文献也以PPP形式为主，而日本几乎所有关于公私合作的讨论都是在PFI主题下进行，这是由于日本的私有资金更为充裕，其在国内及海外的融资和经营基本是以PFI模式进行的。

PPP与PFI这两种模式都认为，在完成一项特定任务时，公共部门和私营部门之间的确存在某种互惠互利的关系，通过合理的分配，各自完成其最适合的工作，从而使公共服务和基础设施能以最经济有效的方式被提供[77]。

但是PFI与PPP之间仍然存在一定的差异。PFI是一种被应用的（政府）采购工具，PPP是一种所有权关系结构，特别明显的区别体现在政府财政报告中。绝大多数的PFI合同阐明了延伸至相当长时期内的支付流的责任和义务，其中政府应满足对年收益支出的承诺。PPP模式中，政府在项目公司里拥有股权和资产，这是完全不同于PFI交易的地方[14]。

另外，合同外包（Outsourcing）和完全私有化（Privatization）与PPP的概念亦有交叉重叠部分。两者之间典型的差异是公共部门在接受商业性服务的同时是否有责任、义务和风险的转移以及终极所有权的归属问题。公共与私营部门合作模式的私有化程度在图1.4中可略见一斑[78,79]。

本书中讨论的界限范围更倾向于私营部门的主动融入,因此以PFI形式为主要讨论模式。

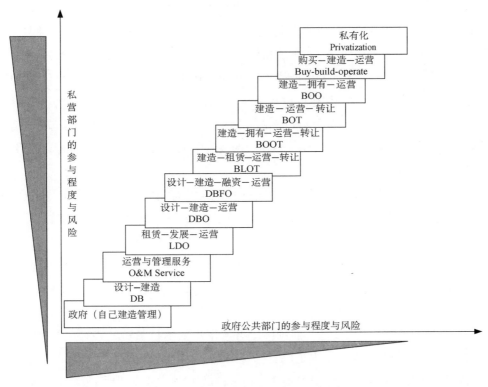

图1.4 公共与私营部门的合作形式

1.1.3 PFI模式与项目融资的关系

由于PFI模式在公共项目建设和运营管理中的应用首先是在项目融资的概念基础上发展起来的,因此要对项目融资的含义进行讨论。

1) 项目融资的含义

相对于传统融资①而言,项目融资(Project Financing)是"为满足一个特定经济实体所安排的融资,其贷款人在最初考虑安排贷款时,满足于使用该经济实体的现金流量和收益作为偿还贷款的资金来源,并且满足于使用该经济实体的资产作为贷款的安全保障"[80]。简言之,项目融资是向某一特定的工程项目提供贷款,贷款人依赖该项目所产生的现金流量和收益作为偿还贷款的资金来源,并将该项目或经营该项目部门的资产作为贷款的担保。一

---

① 相对项目融资而言,所谓传统的融资方式是指一个公司利用本身的资信能力为主体所安排的融资。外部的资金投入者在决定是否对该公司投资或者为该公司提供贷款时的主要依据是该公司作为一个整体的资产负债、利润及现金流量的情况,即使项目失败了,资金投入者仍可以获得投资收益或者贷款的偿还。

一般来说,项目融资的标的非常明确,是依照项目的执行进度分期拨付贷款,以创造资产或改善基础设施功能。项目融资的金额通常非常庞大,有些项目甚至高达数亿元,并且贷款期限较长,短则十年,长则30～40年,因此相应的风险也就更大。

项目融资针对具体的投资项目进行,需要对投资项目的产品、技术、成本、销售、管理及预期利润作详尽的预测和估算,以便在项目执行过程中加以控制和管理。因此,项目融资有助于存量资产或设备更新与扩充,或创造新资产、使用新机器设备、引用新技术、采用新生产方法,进而有利于生产量的扩展和生产能力的提高。项目融资的主要对象为大型投资项目,特别适用于水利工程、制造业、交通运输及能源产业。

从广义上说,一切针对具体项目所安排的融资都可以划归为项目融资的范畴。但金融界习惯上一般只将具有无追索权(Non-recourse)或有限追索权(Limited Recourse)形式的融资活动称为项目融资。

① 无追索权的项目融资,指贷款人对项目发起人没有任何追索权的融资,贷款人把资金贷给项目公司,以该项目产生的收益作为还本付息的唯一来源,并得到在该项目的资产上设定担保权益以保障自身利益。除此之外,项目的发起人不再提供任何担保。如果该项目中途停建或经营失败,其资产或收益不足以还清全部贷款,贷款人亦无权向项目发起人追偿。这种无追索权的项目融资方式在20世纪20年代最早出现于美国,主要用于开发得克萨斯的油田。但这种做法对贷款人风险太大,现在一般很少采用。

② 有限追索权的项目融资是目前国际上普遍采用的项目融资方式。有限追索融资的实质是由于项目本身的经济力度不足以支撑一个"无追索"结构,因此需要项目的借款人在项目的特定阶段提供一定形式的信用支持。在这种做法中,贷款人为了减少贷款的风险,除要求以贷款项目的收益作为还本付息的来源,并在项目公司资产上担保物权外,还要求项目公司以外的其他与项目有利害关系的第三方提供各种担保。这里的第三方包括项目的发起人、项目产品的未来购买者、政府或其他保证人。当项目不能完工或经营失败,项目本身的资产或收益不足清偿债务时,贷款人有权向上述各个担保人追偿。但各担保人对项目债务所负的责任,仅以他们各自所提供的担保金额或按有关协议所承担的义务为限。

2) 项目的融资要素

项目融资的整体结构由投资结构、融资结构和担保结构三部分组成,其中融资结构是项目融资整体结构中的核心部分。公共部门在论证一个项目采用私人主动融资模式是否适当及私营部门考虑是否承担该项目时,需要以定性及定量的方法从项目实施目标出发,对项目的投资结构、融资结构、采用的具体形式、可利用哪些民间技术能力、管理能力等进行充分的研究。

(1) 投资结构

项目的投资结构,是指在相关法律、法规、会计、税务等外在客观因素的制约条件下,一种能够最大限度地实现其投资目标的项目资产所有权结构。广义上说,投资者可以是单一公司也可以是由多个公司组成的联合体,但对于大型公共项目,为分散风险通常以联合体形式承担项目全过程的投资。国际上,较为普遍采用的投资结构有两种基本的法律形式,即公司型结构和非公司型结构,见图1.5。

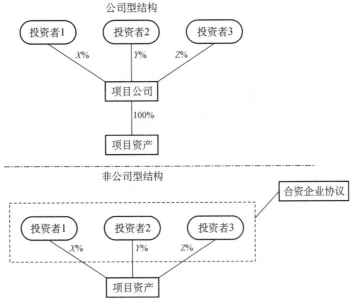

图1.5 最普遍采用的两类项目融资法律结构

按照法律规定非公司型结构不具有独立法律效力,但是可以单独签署合约、起诉他人或被他人起诉的公司实体,具体包括公司型合资结构、一般合伙与有限合伙制结构、非公司型合资结构及信托基金结构等四种结构形态。

① 公司型合资结构(Incorporated Joint Venture)的基础是有限责任公司。项目的各发起人通过自身控制的公司实体参与到项目中来,并在项目中持有相应的股份。每一个发起方在项目中的利益都是间接的,不直接拥有项目资产的产权。

② 合伙制结构是一种实体之间或个人之间以营利为目的联合建立起来的关系,分一般合伙制(General Partners)和有限合伙制(Limited Partners)两种。一般合伙制通常只适用于一些小型项目,有限合伙制可以在一些大型基础设施建设及高风险投资项目中运用。由于合伙制结构自身的特点,使得贷款人用合伙制资产作为贷款抵押的能力非常有限。有限合伙人通常是资金实力雄厚的大公司,只提供资金不参与日常经营管理,在项目的投资期内取得税务抵扣的优惠(这必须根据项目所在地的地方性政策得到确认),同时取得项目未来的高额回报,对于高风险的投资也只承担有限的投资损失。

③ 非公司型合资结构(Unincorported Joint Venture),也即是契约型合资结构,是一种大量使用并且被广泛接受的投资结构。通过各项目发起人之间的合资协议建立起的非公司型合资结构,每一个投资者根据在合资企业中的股份,直接持有项目全部不可分割资产的一部分。与合伙制结构不同,各项目发起人的责任都是独立的且对于其他投资者的债务责任或民事责任不负有任何共同的和连带的责任。在这种投资结构下,各项目发起人的权利和

义务依照合作协议，可以不严格按照出资比例分配，而按契约约定分配项目投资的风险和收益。这种投资结构在资源开发、开采、初级原材料加工行业采用较多。

④ 信托基金是通过信托契约建立起来的，被委托人和受益人之间达成法律形式上的安排，由被委托人代表受益人管理资产。信托基金本身不能被作为一个独立法人而在法律上具有起诉权和被起诉权，受托管理人承担信托基金的起诉和被起诉的责任。

上述四种结构形式具体采用哪一种，需在考虑项目资产的拥有形式、产品的分配形式、项目管理的决策方式与程序、债务责任、税务结构、项目现金流的控制、会计处理方式等多方面因素后，由项目发起人共同决定，但较普遍的做法是采用公司型合作结构，即为该项目成立一个有限责任公司。

(2) 融资结构

融资结构是指项目融资中各种长期资本筹集来源的构成和比例关系。通常情况下，这个结构即是指长期债务资本和权益资本的比例。所有者权益是项目所有者投入的资金，即是股本资金(Equity)或权益资金。在所有项目资金中，所有者权益的求偿权是最低的。如果项目失败了，任何求偿权都要优先于权益投资人的求偿权，若满足其他义务之后的剩余项目资产价值少于权益资本的初始值，权益投资人的利益即受到损失。当然，如果项目很成功，满足其他义务后的剩余资产价值高于初始权益资本，高出部分将归权益投资者所有。权益投资者承受较高风险的同时，在项目取得成功的情况下将获得最大的收益。

负债是项目所有人所承担的，能以货币计量的，需要资产或劳务偿付的债务，一般分为准股本资金和优先债务(Senior Debt)。在所有项目资金中，优先债务的求偿级别是最高的。根据预先制定的计划，优先债务具有对项目资产的第一求偿权，只有它得到满足之后才能考虑其他求偿权。在所有项目资金中，优先债务的风险是最低的，无论项目多么成功，其回报也只限于按照借款额应支付的利息。

与所有者权益和优先债务相比，准股本资金经常由项目投资者或者与项目利益有关的第三方提供，兼有权益资金和债务的特点，其风险介于权益资金和债务之间，是一种比较灵活的中间资金，可以用从属性债务(Subordinated Debt)、预付款、降低合同金额或流动资金信贷等方式。就从属性债务而言，项目资金充足时，支付优先债务之后就将向从属性债务支付，优先于权益资本的股息支付。如果资金不充分，从属性债务将被当做权益资金处理，得不到支付，这相当于为项目提供了附加权益资金。对于投资人来说，从属性债务最明显的特点是可以把其利息计入成本，冲抵所得税。这种中间资金的回报也介于权益资金和债务之间，其回报表现在两个方面：第一是获得高于优先债务的利率，第二是获得项目的利润或资本收益，如优先购股权、可转换权或保证收益等。

合理的融资结构可以把风险和利益分摊给机构中的不同参与者，分配中有一个重要的考核依据是"偿债保障比"(Debt Service Coverage Ratio, DSCR)，这个比率是整个融资贷款组合的"净营运所得"(Net Operation Income, NOI)除以债券的"应付利息"(Interest Payment, IP)，亦即 $DSCR = NOI / IP$。这个比率越高，则债权人越有保障。

PFI模式中使用的资金与一般建设项目相同,也分为所有者权益和负债两大类,不同的是两类资金的构成比例。PFI模式中的资本结构一般是90%的债务和10%的权益资本,融资成本一般会高于政府公共融资2%～3%[81],但从项目的全寿命周期看,高额的融资成本会被良好运营带来的收益所抵消,从而保证项目的总成本最优。

(3) 担保结构

已有的实践已表明,担保是项目投融资风险分散和化解的一种最重要方式,担保就是由担保人承担风险责任。它分两个层次,第一层次是在项目投资人、项目贷款人和项目所在地政府之间进行的;第二层次是在项目公司与其他建设经营活动当事人之间进行的。政府、投资人和贷款人在第一层次确定和分配担保责任的同时,对第二层次担保的确定和分配也作了总体的安排[82]。担保分为"直接担保"、"间接担保"、"或有担保"、"意向性担保"四大类[80]。直接担保主要包括"资金缺额担保"、"项目完工担保"和"建筑成本担保"等项目主办人承担项目风险有限经济责任的担保种类,这类担保由项目投资者或承建项目的工程公司、保险公司提供;间接担保主要包括"最低收入保证"、"政府特许权协议"等以非财务形式为项目提供的一种财务支持,但政府一般都不提供最低收入保证,项目公司仅享有竞争保护和要求调整收费标准的权利;或有担保则根据可能发生风险的不同分为"或有风险担保"、"政治风险担保"、"项目经济环境风险担保"三种基本类型;意向性担保则是指由政府出具的"安慰信"之类的不具有法律约束力的担保,虽然这种担保不具有法律约束力,仅具道义上效力,但对政府的信用和形象有很大影响,所以被看做是行政性的承诺。

1.2 PFI模式适用范围

由于PFI的特点是私营部门承诺以全寿命周期的方式交付和维护新的公共基础设施,因此它对诸如医院、学校之类项目的建设、维护维修以及国防、交通基础设施项目的融资有着显著的优势,但是对于发展更新迅捷的信息技术(IT)或投资规模较小的项目,PFI模式的优势尚不能有效显现[19]。

1.2.1 适合应用PFI模式的公共项目的特征

公共项目从建议策划开始要经过市场调查、商业计划草拟、项目确定、招投标、签订合约、设计、施工、运营和维护维修管理等诸多阶段,项目的整个寿命周期大多超过30年。这期间公共部门、私营部门和金融机构的责任、义务与风险承担是不断变化的。对已经采用PFI模式的项目进行定性和定量分析后发现,不是所有的公共项目都适合采用这种模式,适合的项目一般具有以下特征。

1) 项目实施周期长,规模较大

适合采用PFI模式的主要是大型公共项目,这类项目一般具有投资规模大、组织结构复杂、项目周期长等特点。公共部门应以细致周密的契约形式把其需求定义为要求项目承担人交付的相应服务,以保证所交付的公共服务长期有效、公正和能履行责任或义务。项目的运营成本和融资成本都将作为PFI计划的一部分,并需以全寿命周期考虑和长期合同为基础,一般而言采用PFI模式的项目投资期限如在5~10年期间很难获得好的效益。

2）项目的组织结构与关系较一般项目复杂

适合采用PFI模式的项目一般都是由政府部门和私营部门合作的大型公共项目,牵涉的参与方包括设计、施工、金融、保险、运营等多方面,它们之间有着复杂的协议、契约关系,见图1.6,其中起主要作用的应是公共部门、私营部门和金融机构。公共部门要通过评价证明该项目采用PFI模式比采用其他的采购模式具有更优的资金价值;经过公正公平的程序选定项目承担人,由项目承担人会同相关单位组建专门的项目公司后,再由项目公司分别与总包商、运营维护商、金融机构和保险公司签订相应的合同和协议,这个过程应当是透明和有效率的,要受到政府的监督与指导,咨询、评估部门也将在项目进行的不同阶段对政府部门和项目公司提供咨询建议和评估结果,项目公司向最终用户提供符合合同要求的服务。为了保证项目的顺利进行,一方面依靠政府严谨的相关法律条文,另一方面依靠项目公司的协调与组织。

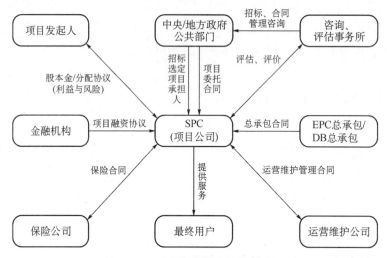

图1.6　PFI项目参与方之间的关系

欲投标成为项目承担人的私营部门不仅对所要求交付的成果应掌握专门技术,而且应有充足的理由证明能提高项目的资金价值;公共部门则通过协议与合同来监督与制约私营部门。

3）项目资金的筹措采用项目融资的方式

采用PFI模式的项目,资金的筹措一般采用项目融资的方式。项目融资的核心是用于归还贷款的资金,它来自于项目本身,这是与传统的企业融资根本的区别所在。从会计处理角度看,项目承担人采用项目融资最明显的优势是为项目贷款筹集的金额,可以不在总公司财务报表（资产负债表）上列出,仅出现在项目公司（SPC）的资产负债表上,因此不对承担人其他项目的融资资信产生影响[83]。但是随着国际会计准则的变更,此项规定已被逐步取消,为项目筹措的贷款金额通常必须在项目发起人的合并资产负债表上列出[84]。

1.2.2 适合采用PFI模式的项目范围

PFI模式的特点决定了所应用的项目主要集中在城市基础设施和各个层级的公共项目的建设运营中。

我国目前在污水处理、发电厂、体育比赛场所、高速公路和城市高架桥等诸多公共项目领域开始导入PFI模式,并在不断积累经验。发达国家PFI项目应用的领域涵盖了交通领域、教育领域、医疗卫生领域、国防工程领域等[85]。这些应用中,推行较为成功的主要包括监狱、道路、医院、学校等一些政府特别关注的社会公益项目。至目前为止已签署的PFI合约分布在20个以上领域,详见表1.2。特别是英国已有641个项目建成并投入运营,这641个项目的分布领域见表1.3。随着PFI模式应用的成熟,应用的部门已从中央政府更多地扩展到了地方政府。到目前为止,英国地方政府签署的项目已有119项,其中97项已进入到运营阶段。

表1.2 PFI项目涉及分布的领域

领域分类	项 目
交通运输	一般高速公路(不收费)、新型有轨电车、航空港、地铁
医疗卫生保健	医院、护理设施、养老院
教育、文化	中学、高等院校、公立大学、美术馆、博物馆、图书馆
行政设施	政府办公楼、住宅、驻外公馆、消防署、警察署、税务署
情报信息	国民保险情报系统、税务系统、电子邮件信息系统、劳务招聘情报系统、邮电窗口服务自动化系统
国防	直升机飞行训练模拟演习装置、国防通信设施、训练设施
其他	自来水供应、污水处理、监狱、社区服务中心

资料来源:普华永道会计事务所

表1.3 已成功应用PFI建成公共项目的领域分布

项目分类	项目数
医院	34
健康设施	119
新建和翻建学校	239
新交通项目	23
消防署和警察局	34
新监狱和安全训练中心	13
垃圾处理和水处理项目	12
其他项目,包括:国防、休闲、文化、住宅和IT	167
合 计	641

资料来源:英国财政部文件 PFI-MEETING THE INVESTMENT CHALLENGE

1.3 PFI模式的实施流程

任何一个建设项目都要遵循一定的建设程序,公共项目更应该建立起标准的实施流程,既有利于科学地推进项目的实施,又能有效提高项目实施的成功率和效益。我国目前建立有针对特许经营BOT项目的实施流程,但PFI的运作方式并不局限于BOT,因此需要建立一套适合我国国情的、有普遍意义的PFI实施流程。在参考我国的现有程序和海外发达国家特别是英国、日本已有的做法和标准运作程序后,本书提出了我国公共项目采用PFI模式的实施流程见图1.7。因该流程涵盖了项目的全过程,项目公司须在项目承担人已被选定前提下进入主要的管理角色,因此在该流程中是基于政府公共部门的立场来进行讨论分析的。

1.3.1 PFI项目实施流程设计原则与阶段

1) 流程设计原则

PFI项目实施的根本目的是为社会公众提供高效益、高品质的服务。PFI项目实施流程中各环节之间都是紧密联系的,上一环节需为下一环节提供必需的信息,这样才能保证顺利达到预定的目标。在项目实施流程设计中应遵循如下原则:

(1) 流程设计期限应贯穿项目的全寿命周期

PFI项目的完整流程应从项目发起开始直至项目寿命结束,历经提案、立项、设计、建设、运营维护、移交等阶段,形成一个完整的框架,同时各阶段之间应能良好衔接、综合考虑整体效益和费用。

(2) 保证全过程公平、公正与透明

流程的设计须保证PFI项目的全过程中每一阶段对于每一参与者都是公平、公正和透明的,这对于PFI项目的成功实施有至关重要的作用。

(3) 树立以顾客满意为中心的理念

借鉴供应链管理的思想,每一个环节都是上一项工作的客户,那么设计的流程应尽可能地简单、清晰、明了,以便快速响应客户提出的每一合理要求。

(4) 遵循环境保护和可持续发展的要求

PFI项目通常是公共项目,在流程的各阶段里,必须考虑项目对环境可能的影响,尤其是项目资金价值评估分析,使得项目的实施与环境保护和可持续发展的要求相一致。

(5) 以顾客需求出发设计流程的内容

PFI只是一种管理模式,其具体运作有着多种形式,因此流程应是灵活的、可调的,流程应有适度的可变性,以满足顾客的不同需求。顾客需求的差异决定着流程的复杂或简单。

(6) 流程的设计保证目标始终如一

设计的流程须保证各阶段、各部门的人员都对项目的总目标达成共识，这就要求流程的结构合理、职责分明，能使得各部门有序运作。

2) 流程阶段划分

PFI项目实施程序包含了三个阶段，分别是拟建公共项目的选定、项目承担人的招标与选择和项目的建设与运营维护（图1.7）。

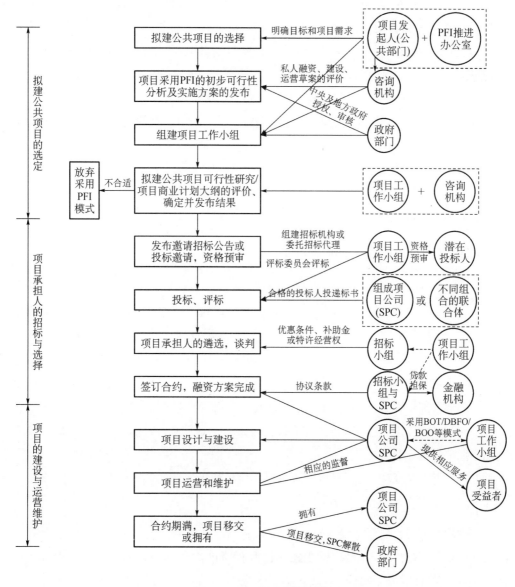

图 1.7　PFI 项目实施流程图

在第一阶段，公共部门首先根据社会公众对公共服务的新需求，结合考虑公共部门的服务供给能力，确定需要新开发的公共项目；然后在待选公共项目中，依据PFI模式的适用特征与条件,初步选定应用 PFI 模式的公共项目;接着在政府部门的主导下,联合有关咨询机构,组建拟建项目的工作小组,对拟采用 PFI 模式的公共项目进行初步可行性分析和设计,确定项目实施的方案,按照公共项目采用 PFI 模式的基本原则,评价应用 PFI 模式的可行性和有效性,测算出应用 PFI 模式进行项目开发的综合效益,对项目的商业计划大纲做出评价,根据测算和评价的结果最终确定其是否采用 PFI 模式进行开发,并对公众发布结果。

在第二阶段,即项目承担人的招标与选择阶段,项目工作小组委托招标代理机构或组成招标小组起草招标文件、发布招标公告或投标邀请;有关私营部门组成项目公司后首先要通过资格预审,再依据招标文件的要求准备投标书、确定融资方案;招标小组按规定组成评标委员会进行评标和遴选,并与 2~3 位候选人在项目财务分析、资金价值评估基础上就特许经营权细则、补助金以及优惠条件等问题进行标前谈判,最终确定项目承担人;并在此基础上招标小组与承担人进行细节磋商,确定双方认可的融资方案和建设、运营方案,签订一揽子合同与协议。值得注意的是,一旦进入到候选人名单,承包商就应针对提出的融资方案开始组织融资,在被确定为中标人后签署贷款协议,实施融资直至融资完成。

第三阶段,即项目建设和运营维护阶段,在项目工作小组的监督下,项目公司组织融资,进行项目详细设计和建设,项目建成后进行项目运营和维护管理,直至合约期满,最后完成项目所有权对公共部门的移交或项目公司拥有。

1.3.2 PFI 项目实施的核心管理问题与关键成功因素

分析 PFI 项目的全寿命周期可以看出,PFI 项目涉及利益相关的多个方面,如公共部门、私营部门、金融机构、社会公众等。显然,要有效进行 PFI 项目的开发与运营,必须要加强各方之间的关系分析管理,实现各方利益的兼顾、均衡及共享,实现多赢目标。进一步地,按照 PFI 项目开发、运营的阶段分析,PFI 项目实施过程中,必须要解决的核心管理问题还包括公共项目采用 PFI 模式的评价和选择问题、项目承担人的选择问题、项目能否获得资金价值的评估问题和公共项目采用 PFI 模式的风险分析和评估问题等。同时,为了规范各方的权利、义务和利益,各方之间必须以合同与协议的形式达成一致,合同管理也是 PFI 项目开发过程中的核心管理问题之一。

通过对已建的 PFI 项目实践进行分析,PFI 项目获得成功的关键因素是:

1) 项目计划是切实可行的

公共部门提交的计划草案经可行性研究证明不仅在财务上是可行的,国民经济评价和社会效益评价也是有益的,并且投资规模在民间投资能力范围内。项目如属政府优先建设计划,更有利于项目的成功实施。

2) 政府需提供强有力的支持

完善的法律法规体系是项目采用 PFI 模式取得成功的重要保证,相关的扶持政策和高效率的行政措施是有力的指导和支持。PFI 项目应用中还需设立相应的各级政府分级权力机构实施推进，以实践作为评判的准绳，制订的规则保持有充分的弹性，这其中与合同有关的法律法规尤为重要。

3) 明确项目的最终目标

在参与各方对 PFI 模式有共同的深刻认识的基础上设立明确的目标。明确公众即是公共项目的最终用户，PFI 项目成功的标志即能向他们提供优质、高效的公共产品和服务。同时，项目进行过程中必须始终保证可以获得项目资金价值，这样合同才能有效地继续贯彻实施下去。

4) 项目风险分摊合理

PFI 项目周期长，获利计划与政府的政策、体制有着密切的关联，因此应当通过科学的预测保证在项目实施周期内，政治风险是在可控制范围内，其他计划风险由各参与主体合理分担，依照谁最有能力解决问题就由谁来承担的原则，体现高风险高收益的思想，并对有关汇率、利率及通货膨胀问题设有应急计划，使得公共部门及私营部门的合作为双赢互利战略。

5) 项目实施过程保证公正、公平和透明

公开 PFI 项目的实施流程，切实保证 PFI 项目实施的专业化和全过程的公正、公平和透明。对于项目公司而言，每一阶段的实施都应当选择最佳"选手"，保证充分利用"选手"的专门技术技能和丰富的经验。对参与者的选择过程应当是透明、公平的，这需要政府部门的介入与审核。

6) 市场效益预测良好

通过市场调查和预测以及专业评价（通常采用敏感性分析），证明拟建项目既存在足够的市场竞争，也不会发生竞争过度现象，使得采用 PFI 模式的项目以及相关被许可连带开发的项目都有良好市场效益，预测的财务收入能给予贷款银行信心。

7) 参与各方是有能力的

投资人须具备 PFI 项目实施的经验，例如已对 BOT 项目做过成功的投资，并有足够的财务能力；承包商具有与项目建设技术匹配的施工能力；运营商具有该类项目运行的经验和经营能力。

8) 项目管理体现全寿命周期理念

项目的全寿命周期管理理念贯彻始终。PFI 项目以契约的形式把项目从立项到经营维护的全过程都委托给项目公司管理，就是突出一体化、综合管理的思想理念，使得成本与效益的计算与考虑是全过程全方位的整体最优，而不是传统模式下割裂开的某一阶段的最优。尤其是运营维护阶段的费用，在全寿命期内持续期限最长，对现金流的影响很大，而它与项目前面阶段的方案设计合理性和项目建设质量有着直接的关联关系。特许经营许可合同是经过双方反复磋商的，具有可调性。

9) 项目融资结构合理

合理的项目融资结构与成功的融资实施水平也是影响 PFI 项目成功的关键因素。PFI

项目融资主要依赖于民间资金,即使是银行贷款也是由私营部门自行解决担保与保险问题。很多项目吸引政府签约的有利条件就是私营部门承担绝大多数的融资任务,甚至提出政府零投资。但是正是由于政府的不干涉不担保,使得这样的融资有很大的风险。换言之,一些失败的项目正是由于私人融资不能到位,公共项目悬而不进,政府不得不中途投资保证项目的顺利完成。

作为参考,英国财政部聘有独立的顾问专家对PFI项目的进程进行专业指导:根据VFM最大化原则,给出了关于风险合理分摊、传统方式成本(PSC)与PFI的比较、合同的谈判与签订等核心管理问题的建议与意见;项目的融资需通过两重检查,首先须通过金融机构的独立审计,其次还需国家审计办公室(NAO)对PFI项目中的合理纳税、获得资金价值的计算结果、投标竞争的程序和评价方法、评价结果等进行严格的监督审查,并向公众公示审查的结果。英国的这些政策与机制都有效地保证了PFI模式在英国公共项目采购过程中的成功实施。

1.3.3 PFI项目实施中各方的关系

PFI项目实施中有众多的参与者,归纳起来可以分为三大参与方:政府公共部门、私营部门和金融机构。这三大参与方对项目的实施起着决定性的作用。各方之间复杂的资金流向参见图1.8。

1) 政府公共部门

政府公共部门指的是发起项目的部门,还包括与项目有关的所有的政府部门,例如财政部、建设部、环保总局、规划局以及政府咨询机构等。在PFI项目中,政府公共部门考虑的是如何能更好地运用有限的财政资金,为公众提供良好的公共服务。因此,公共部门会就项目采用PFI模式或采用传统模式所产生的不同的费用进行比较,得出项目是否能获得资金价值,从而做出采用何种模式的决策。

政府主要负责审批项目的方案,并给予政策上的支持;发起项目的公共部门向上级政府部门申报项目采购方案,获得批准后一方面组织招标选择承担项目的项目公司,通过谈判与磋商确定特许经营许可和可提供的优惠条件等;另一方面须将获批方案向公众公布,由项目的最终用户提出有针对性的意见,并根据反馈信息进行方案调整甚至是大的变动。

2) 私营部门

有兴趣参与到公共项目融资建设中的私营部门,应当是有充沛资金来源或能组织到充沛资金的部门或组织,而且还需要拥有对所承担项目进行全过程管理的丰富经验和管理技能,以此获得长期的高额收益和回报。这就必须计算欲投标项目的内部收益率和融资成本等经济指标评价方案的优劣。其中,基准收益率的设定是非常关键的问题,它会直接影响项目的取舍决策。一般而言,私营部门还包括由项目公司招标选定的项目设计商、建设承包商、材料和设备供应商、运营维护商等,彼此间以合同条款作为维系和约束。

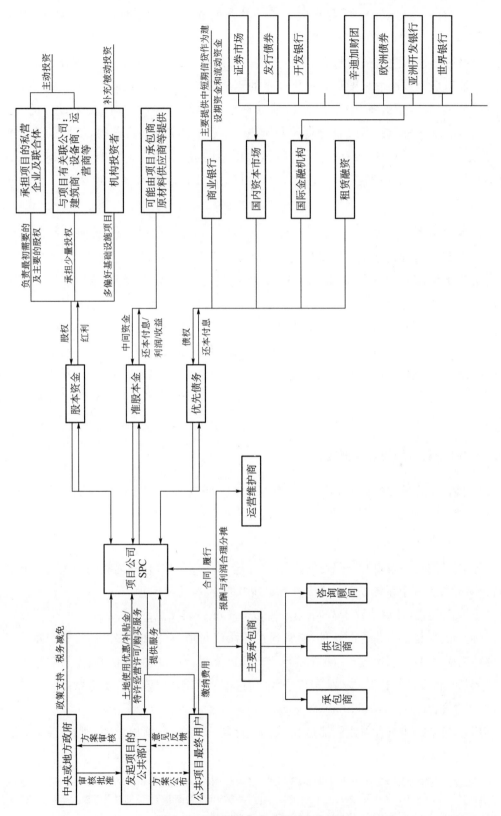

图1.8 PFI各参与方之间的资金流向

项目公司按合同与协议的要求提供服务给公共部门或公众,并收取费用(如路桥费、污水处理费等),同时按提交的融资方案筹集项目需要的资金。项目公司须注入资本金负责最初需要的资金,形成主要的股权,与项目有关的建筑承包商、设备商、运营商等为了提高中标率,可能以股权或准股权的形式提供少量的资金,还有对项目盈利抱有信心的投资机构或个人可能以股权形式提供资金;但这部分资金通常都不多,多数仅占总投资的5%~10%;项目主要的资金是通过银行贷款和国内、国际资本市场筹集获得,不同的资金来源和筹集方式所产生的费用会有很大不同,风险也不同,这直接关系到项目的成功与失败;项目公司还需与各阶段的主要承包商签订合同,通过有效的监督管理保证项目的正常运行。

3) 金融机构

PFI项目中与资金有关的其他参与者多半能归到这一方中,包括提供贷款的银行、证券公司、国内资本市场、国际资本市场、租赁公司、担保公司、保险公司和一些个体的投资者。一般商业银行提供的是中短期信贷作为项目建设期资金和流动资金,长期贷款更多依赖于国内外资本市场,包括开发银行、证券市场和债券发行。在国际资本市场中除了世界银行、亚洲开发银行等大型金融机构外,辛迪加财团[①]融资和发行欧洲债券也是重要的融资渠道。对一些大型、先进设备的引进,为克服资金困难,由银行、专营租赁公司和贸易公司合作承担项目中有关设备的租赁式融资。这种融资方式也被应用到一些可被租赁的已建成资产运营中。

1.3.4 PFI项目实施的合同管理

PFI项目实施过程中有多个阶段,各阶段中的不同方面都需要实施合同管理。因此保障PFI项目能顺利实施最重要的因素之一是成功的合同管理。

1) PFI涉及的主要合同

PFI项目需要一系列的合同安排,而且各个合同环环相扣,合同之间的相关性导致整个项目合同群成为一个系统工程。PFI项目实施中涉及的主要合同如下:

(1) 项目协议(特许协议 Project Agreement/Concession Agreement)

这是至为关键的一份合同文件,通常通过该协议对项目公司授权以进行整个项目的操作,内容包括项目的设计、建设、融资和经营。项目公司会尽量将所有的风险转移给各种分包商。例如,将设计和建设的风险转移给承包商;将运营维护风险转移给运营商。

(2) 建筑合同(Construction Contract)

PFI项目中的建筑合同往往都是"交钥匙"合同,由承包商承担设计、建筑、供应、安装、

[①] 辛迪加财团融资是大型项目开发过程的融资形式。各融资主体为规避风险,由一家或数家银行作为主办银行牵头组织共同贷款人,主要有欧洲美元、东京美元、香港美元等离岸金融市场的银团充任。同时银团通过国际货币利率与汇率互换来规避融资主体的风险。银团将分阶段、分利率对项目安排融资。

调试与试运行等全部工作。

（3）运营与维护分包协议（Operation and Maintenance Agreement）

该协议是从服务开始时执行的。一般运营商都应当选用具有卓著业绩的运营者，因为运营是产生收益的来源，良好的运营才能保证对投资者（贷款人）贷款的偿还。

（4）其他专业分包合同（Other Subcontract）

例如培训合同、物流合同等。

（5）附带保证（Collateral Warranty）/承包商直接协议（Direct Agreement）

这些文件并非在任何时候都是必需的。但是，在某个分包商的工作十分至关重要的时候，就需要这些文件来保证分包商的工作能顺利完成。总的说来，这些文件对合同顺利履行提供一定程度的额外保护。有时，政府与项目公司都需要类似的保证。

直接协议是PFI项目的一个特色。它是指资金提供方（出贷方）与借款方（承/分包商）根据PFI项目合同经过双方直接谈判协商签订的直接协议，规定在借款方（承/分包商）违反PFI项目合同时，出贷方不能直接终止与借款方的PFI项目合同，而必须给出贷方一个机会"介入"（STEP-IN）项目的进一步进行，以纠正违约。

2）PFI合同管理的过程

项目发起人与项目公司（SPC）签订项目一揽子合同之后，开始进入项目的实施阶段。实际上，项目实施阶段的核心管理之一就是合同管理，由项目公司全权负责。但在这其中的任何时间，作为项目发起人的公共部门都不能放弃监督和检查的权力。

因为项目的终极所有权总是归政府或其指定机构所有的，项目可能还在其管理下继续运营相当长的时间，所以必须保证项目从设计、建设到运营和维护都完全按照项目发起人和项目承担人在合同中规定的要求进行。一般来说PFI合同管理分为以下三个阶段[86]。

（1）项目获得（中标）阶段

该阶段项目工作小组应已建立了项目全寿命周期内基本的合同管理规则。长期合同管理的准备应从项目最初期就开始介入，这才能保证按合同条款交付的服务在整个合同寿命期限内都受到适当的监督。尽管合同管理与监督是项目采购过程的最后一阶段，但它却是关系到合同是否超期延误、质量是否达到合同要求的关键。

公共部门的合同管理人员应包含在项目团队中，在合同履行中进行监督。这个组织结构应在定标谈判之前确定，以便有效指导合同中所交付服务的要求和履约监督系统等条款的拟定。

整体费用的支付是与已完成的服务质量密切相关的，工作小组要依据项目协议中产出明细表（或被称为产出清单）来监督项目承担人的履约情况。因此项目服务产出明细表必须包括为保证合同管理人员正常监督所需提供的条件。这些条件应是客观的。例如管理人员可根据一些可获得的、量化的数据（彼此间有关联）判断项目进度的完成及融资的进程。工作小组还应明确指出鼓励候选人在标书中提出有益于公共部门监督的创新性方案，增加中标几率。

(2) 项目建设阶段

在获得合同到依据项目产出明细表交付所需服务的阶段，合同管理人员的职责是监督项目的进度，保证进行中的项目进度与质量能够满足合同要求。合同一旦获得，这些管理人员作为公共部门的代表就应立即与项目承担人建立全面密切的工作关系。他们通过进驻现场、确认材料采购情况及与承包商的交流检查判断项目计划的执行情况，这样做的前提是，明确公共部门监督的范围与程度，才不至于让公共部门承担了本应由承包商分摊的风险。作为配合，承包商应当主动向这些合同管理人员提供足够多的管理信息，由管理人员确认承包商是否是按计划进度完成产出明细表中的工程量，并给出明确的指示在安全的情形下是否可以继续项目的建设进展。

在项目建设期，合同管理人员需要关注的问题主要有：

① 对一些新设施的设计、服务需求的确定，在合同签署时尚未全部完成，或需在后一阶段进一步深入，合同管理人员有责任从承包商那里接受提案并代表项目工作小组批复意见。

② 新设施与已有设施的融合协调运行。

③ 合同管理人员还需参加一些重要的供应商会议和定期、非定期的现场会议，以便于及时处理承包商不履约的问题。

④ 对建设程序中承包商出现的延期、延误事件及时给予回应，确认相关的索赔，必要时提出反索赔。

⑤ 对项目工作小组在建设期间的任何变更要求，如设计细节、人员关系、价格和支付等问题，合同管理人员与承包商磋商、谈判，达成新的协议。

⑥ 对一些新设施有试车要求的合同，管理人员要确认承包商的工作已满足项目产出清单的需求，工作小组因此可以签发支付。

⑦ 合同中包含的建设缺陷期内的问题，主要是重要子项和大型设备在缺陷期内维护、维修责任的监督控制。

⑧ 资产与计划问题也是合同管理的重要问题。

⑨ 代表业主处理的员工问题。

(3) 项目交付运营阶段

项目交付运营后，从开始提供服务到合同期满，公共部门需要在新环境下关注合同管理及履约监督协议的变化，并作相应的调整。合同管理人员要注意依据合同条款避免监督过度而影响到承包商工作的灵活性。

以上每一个阶段的具体工作将随项目所拥有的资源环境的变化而变化。不是所有的项目都可以完全照搬的，例如由于IT行业的特殊性，其项目的PFI合同在进度与支付方式等方面与一般的公共项目有较多不同，其合同管理要有更大的弹性。值得一提的是，公共部门的监督费用由谁来支付？这个问题应在合同中达成一致意见。一般来说，由各方负担自己的监督成本与费用是明智的，这将打消承包商负担过重的顾虑，避免可能的争执。如果公共部门需要独立的专家或额外的调查，应由其自身承担费用，当然这将增加承包商的工作量。

2 PFI 项目的选择方法

公共项目一般涉及时间长、资金投入巨大,项目的成功建设与运营会产生极大的经济效益和社会效益。所以在项目前期做好详细的策划、研究与周密的权利、义务安排是十分必要的。国外的实践表明,审慎地选择拟建设的公共项目,细致地分析和评价拟建项目能否采用及是否采用 PFI 模式和如何采用 PFI 模式,是公共项目应用 PFI 模式实施过程中的核心决策问题之一。对公共项目是否采用 PFI 模式进行认真的分析和评价选择,虽然在项目选择阶段有比较大的投入,尤其是咨询、法律方面的费用可能比较大,但对于项目全过程整体效益的提升作用非常显著。

本章首先研究了公共项目应用 PFI 模式的评价和选择过程,然后对 PFI 模式的选择和评价方法及项目融资的资本结构进行了比较详细的讨论。

2.1 公共项目采用 PFI 模式的选择过程

对拟建公共项目的选定,是以项目发起人为主,依据政府的中长期发展规划和社会公众对公共服务的需求提出拟建项目清单,再由咨询机构对拟建项目进行评估,确定某个具体公共项目的实施是否采用 PFI 模式。该过程是运用 PFI 模式建设运营公共项目的第一阶段,由项目的提出、确定项目的 PFI 模式实施方针和拟建项目的最终确定三大步骤构成 PFI 项目选择确定的过程,具体程序见图 2.1。

2.1.1 拟建项目的提出及初步分析

1) 提出拟建项目计划清单及项目草案

首先由政府部门根据国家与区域的经济与社会发展规划列出拟新建或改建的公共项目清单,并向社会公布。清单上所列项目应包含项目的定义和预期总体目标、项目建设背景、社会经济及环境条件、拟采用融资方案意向、项目总体的说明等内容。有意向又有能力的私人机构可根据自身业务发展的方向、拟建项目的设计要求、融资的可能性等,决定是否对清单上的项目响应并提出开发建设的意向,针对政府公共部门的清单要求做出合理的项目方案提交给作为项目发起人的公共部门。

该阶段只需确定出项目设计的规模和项目需要实现的目标,并不需要确定项目采用的技术、项目准确的投资额和投资收益水平。因此,公共部门公布的文件中不需要详细规定项目的技术方案和实施方案,只需要勾画出项目在规模、技术、经济等方面的轮廓,鼓励私营部门在项目构想、融资方案和设计方面提出新的观点,发挥他们的资金、技术和管理优势,从而有利于公共部门根据各项目提案确定出最合适采用私人主动融资模式的方案作为实施方案。

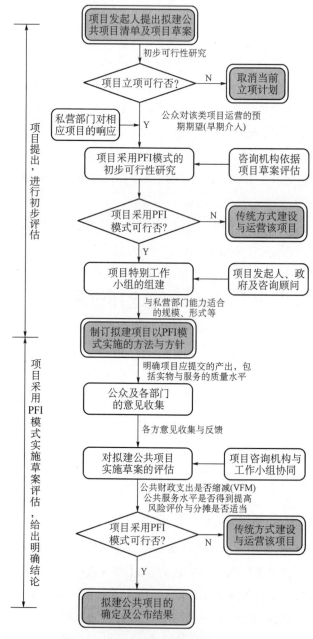

图 2.1　拟建公共项目的选择确定程序

一般来说,提供给私营部门的项目清单是不在政府全额或大幅度投资的重大项目计划之内,但是属于城市经济发展配套亟须的公共项目,主要是大型基础设施的建设,如高速公路、桥梁、污水处理厂、垃圾处理站等,希望借助民间的资金和管理技能解决政府亟须解决但当前无暇顾及或缺乏经验的一些问题。

2) 项目采用 PFI 模式的初步可行性分析

拟建项目一经提出,需进行初步的项目可行性研究,重要的内容是项目的财务评价、国民经济评价和社会评价。对于一般项目,针对项目自身盈利与清偿能力分析的财务评价对项目的可行与否具有举足轻重的影响,但对于公共项目,最终受益者是社会公众,因此可行性研究应从政府的角度以及对整个社会的影响,从国家和社会的整体角度考察所建公共项目的效益和费用、衡量项目的综合优劣,经初步分析研究,如果项目的建设运营是低效益或不利于国家与社会的可持续发展,都应取消该项目的立项。

在确定项目建设的可行性和必要性后,为了减少公共财政的支出,充分利用民间资金和私营部门的管理技能,有必要讨论确定是否可以采用 PFI 模式作为项目的整体发包模式。英国政府要求所有公共工程项目在计划阶段,必须首先考虑采用 PFI 方式,除非经过政府的评估部门认可该项目不宜或不能或没有私营部门参与,才能采用传统的政府财政投资兴建的办法。目前,我国 PFI 模式处在试行阶段,政府尚无此类明确的规定。因此这一步的主要任务是公共部门根据拟建项目的草案或聘请专业的咨询机构或由部门自身进行初步的可行性研究,确定是否适合采用 PFI 模式。研究的重点是应用私人资金的可能性,初步制订的资金来源比例和结构是否合理,按预测和以往的经验计算拟建项目未来可能的收益,分析能否获得项目资金价值和私营部门的专门技术。

经过初步的计算与分析,给出对拟建项目的第一轮建议,确定是否采用 PFI 模式。

3) 组建项目特别工作小组

根据项目管理的系统思想,在对项目做出初步的战略性计划后需要设置项目的组织机构。这里的项目组织是指由发起项目的政府部门为拟建项目组建的机构。这个组织机构的作用是在项目建设运营的不同阶段起领导、协调及监督的作用,依据法约尔"统一领导、统一指挥"的管理原则,这个机构在不同阶段扮演不同的角色,行使不同的职责,但基本组成不变,以保证项目总目标实现的贯彻始终,因此冠名为项目特别工作小组。

2.1.2 拟建项目采用 PFI 模式的实施草案评价

1) 确定拟建项目实施方案的主要内容

发起项目的公共部门在明确地甄别出可能采用私人主动融资的项目后,需进一步确定项目实施的方案并予以公布。在实施方案公布后,公共部门应设有公众意见反馈通道,收集公众对项目的期望与建议。

实施方案应尽可能详细地说明拟建公共项目内容、项目承担者的选定方法、已公布的项目提案中有关要求的进一步诠释等。

① 拟建公共项目内容，包括项目的名称、项目的类型、发起项目的公共部门名称、项目建设经营的时间期限、项目建设的目的、项目应用的范围、实施的初步计划、相关政策等。

② 承担项目的私人企业（联合体）的选定方法，包括项目实施的方式、项目承担人的选择方法和时间计划、获得项目资金价值的要求、投标响应的手续、预投标人必备的资格条件、审查及选定的相关事项、选定结果及评价的公布方法、有关知识产权、专利、特许权的转让申请文件等。

③ 政府对该公共项目可以提供的条件及许可，包括项目使用土地的划拨或优惠条件、项目有关税务的减免、可能获得的财政补贴额度、项目融资中政府能给予的担保支持方式、项目特许经营的范围、价格和一般义务等。

④ 项目运营管理事宜，包括在项目全寿命周期内，公共部门与私营部门各自的责任及其风险分摊、私营部门必须提供的服务、必须达到的服务水平和应履行的责任、项目运营管理的费用支付方式、公共部门对项目实施状况的监督等。

⑤ 其他，包括项目设计、建设的有关事项、投标及相关费用、潜在投标者的权利等。

2）项目实施草案的评价

在确定了项目实施草案的主要内容后，发起项目的公共部门须自行或聘请专业咨询机构对项目实施草案进行评价，根据评价结果确定拟建项目。这种评价不同于一般项目的可行性研究，重点评价项目的资金价值（VFM）、全过程成本（LCC）、生存发展能力、对期望服务水平的完成能力及公众可接受的服务价格与水平，以确定项目在PFI模式下实施的可能性和有效性。这种评价需要把定性分析与定量分析两方面结合起来做综合的评价。

定量分析主要是评估项目采用不同的采购方式所对应的资本结构与运行成本及可获得的利润（PSC与LCC的比较，可获得的VFM），并对其内在的乐观偏好、特殊的风险、预计的交易成本加以调整。

定性分析通过问卷调查和专家咨询方式进行，侧重于考察项目的潜在发展能力、可能实现的期望值以及项目的可完成能力。

3）给出明确的结论

在定性与定量相结合综合分析和评价的基础上，可以确定该项目较为合适的建设运营方式，即该拟建项目是否适合采用PFI模式，如果分析结果为采用PFI模式不能得到更优的资金价值，那么项目依然采用传统的政府采购方式是更好的选择。

2.1.3 项目选定

如果私营部门的资金、经营能力以及专门技术能力都能得到有效的利用，那么采用PFI模式就可能获得良好的效率与效果，这意味着两个方面的含义：一是在相同的公共服务水平下，政府在公共项目上的投入可以减少，二是在公共财政投资相同的情况下，获得更优质的公共服务水平。这也就是项目可以获得VFM的基本意义。

据此政府部门做出对拟建项目的确定决策以及相应项目的最终实施方案,并向社会公众公布公示。

2.2 公共项目采用 PFI 模式的评价要点

公共项目是否适合采用 PFI 模式,最重要的是评价项目采用这种模式能否获得资金价值,项目的各种风险是否得到了合理分担,公众是否获得了预期的服务等,这需要通过定量和定性相结合的综合评价分析才能获得结论。

2.2.1 公共项目采用 PFI 模式的定量与定性分析

1) 定量分析

定量分析是针对项目采用不同的采购方式估算项目全寿命周内的全部成本与利益,并对分析人员可能存在的主观性乐观偏好、特殊的风险、预计的交易成本加以调整。定量分析中主要用到以下几个概念。

(1) 公共部门成本比较法(Public Sector Comparator,PSC)

这是在传统的政府采购方式下,公共部门作为项目的"供应商"根据该项目期望达到的产出结果所作的假设性的、风险可调的成本计算,计算结果可以净现值形式表达,还应充分考虑项目在某种采购方式下可能遇到的所有风险。这个计算包括了从项目的计划、融资、建设直至运营不同阶段里公共部门为其支付的总成本,计算周期覆盖了招标文件中合同协议期限,费用包括直接费用和间接费用两部分:直接费用包括有设计费、建设费,运行维护费、项目管理和咨询费,不同来源贷款的成本和风险预备费;间接费用中包括有相关企业管理费和项目管理费。进一步地,PSC 的计算是以公共部门对关键部分相类似的项目所作的期望全寿命周期成本净现值为基础[87]。

(2) 全寿命周期成本(Life Cycle Cost,LCC)

这是采用 PFI 模式后项目承担人对项目全寿命周期下的全部费用的测算,费用也是由直接费用和间接费用两大部分组成,直接费用包括私营部门为项目支出的所有直接费用和公共部门为项目支出的费用,间接费用包括项目寿命周期内所有的管理费用。由于 PFI 模式体现了集成化管理的思想,项目的融资成本与风险会有较大幅度降低,在项目前期策划与设计中还考虑到了后期运营与维护的可行性与经济性,并由合适的部门承担合适的责任与风险,因此可以预期,较优的 PFI 模式项目实施方案的全寿命周期成本将有明显的降低。

(3) 资金价值(Value for Money,VFM)

这是私人主动融资中一个非常重要的概念,是项目采用 PFI 模式后全寿命周期成本与传统模式下公共部门建设经营项目的成本相比较后可以得到的价值增值,并要综合考虑评价的乐观偏好、可能发生的特殊风险以及可能发生的交易成本进行适当的调整。这个指标在PFI模式选择中评价重点,是考评是否采用PFI模式的核心指标。简单地说,能够获得项目资金价值就是能以最优价格获得最优绩效[88],具体来说它指的是较低的项目全寿命周期成本与高质量满足最终用户需求的最优组合,意味着以此为标准选择项目和项目承担人时,最佳人选标并不总是选择最低成本投标和能获得特殊资产平衡表的投标。

2)定性分析

定性分析通过问卷调查和专家咨询方式进行,侧重于考察项目的潜在发展能力、可能实现的目标以及项目的可完成能力。

① 项目潜在发展能力。考察项目直接采用政府提供服务而不是采用PFI模式时,项目是否是有效率的,能否履行责任,资本金获得状况,以及能否以合同条款的方式对如何响应项目需求做出全面、清晰的阐述。如果评估的结果表明,政府直接提供服务是可行的,则优先采用传统模式运作。

② 可能实现的目标。对不同的项目采购方式评价其成本与相关利益,例如采用PFI模式可获得的资金价值和风险估计分析,公共部门可获得低成本借贷时采用传统模式时发生的风险转移与激励的内容,以及基于长期合同时公共部门与私营部门之间关系的优势与劣势的分析。

③ 项目的可完成能力。这是考察公共部门和私营部门是否有能力如期完成项目的建设,为社会提供期望水平的服务,带来显著的社会效益和经济效益。同时考察公共部门委托人是否有足够的能力管理如此复杂的项目,这是决定服务的获得方式及其后的管理状况和业绩的关键因素。

2.2.2 公共项目采用PFI模式的适合范围

比较PFI模式与传统采购模式,最终确定项目是否可以选择采用PFI模式。通常情况下项目发起人聘请专业咨询机构对提交的各种项目实施草案进行审查,依据相关的产业政策、投资政策、技术经济政策以及国家和地方法规,同时依据公众对此类拟建项目应提供的服务水平的期望值及公众对该项目建设、运营的反对或赞成意见,对项目采用传统采购模式的PSC与项目采用PFI模式的LCC进行比较,从而明确提出对这些公共项目可否采用私人主动融资的模式,在此基础上政府可以为这类项目提供怎样的政策支持、税务减免、补贴金幅度、有否特许经营许可等等问题,也应在公布的文件中予以澄清。

通过分析可以粗略地认为,如果PSC大于LCC,采用传统模式采购所需费用更高,更适合采用PFI模式,因此,PSC与LCC相等是一分界点,只要PSC大于LCC,就应该考虑采用PFI模式;对于投资者来说,项目的经济内部收益率(EIRR)只要高于社会基准折现率,即可进行投资。但须注意的是EIRR并非越高越好,过高的收益率如果不能实现,政府部门是否提供补偿,补偿造成的损失大小都是需要慎重考虑的问题。作为比较标准的社会基准收益率的设定应由政府财政部门给出,同时不得低于同期银行贷款利率;对于参与融资的金融机构,为了防止坏账,通常需要考评的指标是偿债保障比(DSCR),这个指标本是针对债券发行融资的,但近年来也较多地应用到项目融资评价中,考查的是项目净营运收入与债务的应付利息之比,显然这个比值越大债权人的利益越能得到保障。在美国,AA级债券的DSCR通常是在2.5~3.0之间,这个数字对于大型项目融资太高而很难达到,如果项目的净营运收入能略大于需支付的债务利息,就可以认为项目融资能够正常进行。

图2.2以PSC/LCC、EIRR和DSCR为轴给出了适合采用PFI模式的参考范围,并以PSC/LCC=1、EIRR=8和DSCR=1.3作为分界点[23]。

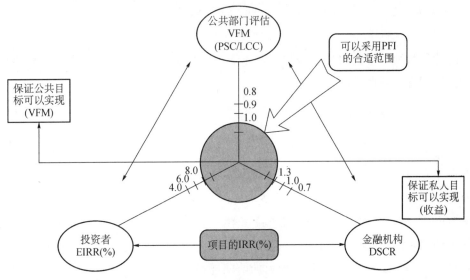

图2.2 采用PFI模式的适合范围

2.2.3 公共项目采用PFI模式需要的法律支持

在确定公共项目是否采用PFI模式时,除了需要明确是否有私营部门对拟建项目响应,评估后判定其所提出的项目草案是否能初步满足项目发起人的最终目标和社会效益外,还要分析是否已立有项目融资、建设与运营相关的主要法律法规。

在国际上,已推行PFI/PPP的国家对此的立法主要有三种情况:一是制定适用于全国的专门法,如英国、日本;二是由地方政府制定适用于本地区的法律或以地方条例、规章进行规范,如加拿大;三是没有专门立法,以现行法律加以规范,我国目前正是如此。迄今为止,我国尚未有专门针对公共私营部门合作建设公共项目的法律法规,只能参照已有的《中华人民共和国建筑法》《中华人民共和国招标投标法》、《市政公共事业特许经营管理办法》等有关的法律与规定进行。

私人资金进入到公共项目领域,所签订的系列合同协议具有复杂的法律结构,必须由公正成熟的法律体系作为支撑,这不仅能增强私人融资者对项目成功的信心,更能以法律形式保护各参与主体的利益。对照英国、日本等国政府成功推行PFI的经验,我国当前由政府制定发布明确针对PFI/PPP实施的专门法律的条件不仅已经成熟,而且十分急迫。在这类法律法规中,应对PFI/PPP一类的公私合作建设运营的目的意义、可适用的范围领域、应用的方针路线、可提供的优惠政策、财政支持措施等重要方面做出明晰的规定和指导,与已有的《中华人民共和国公司法》、《中华人民共和国证券法》、《中华人民共和国合同法》、《中华人民共和国招标投标法》、《中华人民共和国担保法》、《中华人民共和国外资企业法》和相关的行政法规形成相配套的完善的法律体系,以减少和降低项目运行中各类风险及纠纷的发生及相应的损失,保证项目的最终成功。

2.3　PFI项目的组织结构与融资结构讨论

好的计划必须有合适的组织结构配备才能得到完美地实施,同时较优的融资结构也是项目融资顺利进行的保证。

2.3.1　PFI项目的组织机构

目前我国类似项目尚未有明确的PFI机构设置模式,较常见的做法是为特定的大型公共项目设立专门的办公室或指挥部,例如某某高速公路指挥部,但是显然这种机构因不是专门针对PFI项目的,在相应文件的分析、理解和套用方面,在项目执行的各个环节中的领导与协调方面,都缺乏全面性、系统性和经验积累。针对类似问题,我国部分地区已有改革措施。深圳仿照香港政府的做法设立了建筑工务署,主要负责除公路和水务以外的政府投资工程项目的统一建设管理工作,包括项目的前期规划、论证,招投标的管理,以及项目的实施与监督工作。

为在我国有效推行PFI模式的应用,有必要考虑在政府机构的组织框架内建立专门的PFI推进办公室,或设立专门的PFI推进机构,其组织结构详见图2.3,专门负责采用PFI模式的大型公共项目建设的咨询与指导。针对具体项目,发起项目的公共部门联合一些必要的咨询代理机构,与政府相关部门一道共同组建该项目的组织机构,即项目工作小组,对项目进行中的可行性研究、招投标事项、建设与运营监督等具体事务进行管理。图示有关处室可根据项目的具体情况增删合并,一套班子多种功能,体现项目管理的精简原则。

2.3.2　项目融资资本结构

在项目融资草案中,重点是项目融资的资本结构,主要是决定在项目中股本资金、准股本资金和债务资金的形式、比例及来源。

在整个资本结构中需要适当数量和适当形式的股本资金和准股本资金作为资本结构的信用支持,但占较大比重的还是项目的债务资金。私人融资项目的资金结构直接影响到承担项目的私营部门、项目发起的公共部门和相关金融结构的风险和回报。各方对资金结构的要求是不同的。确定合理的资本结构有助于降低资金成本,减少风险和促成项目顺利进行。贷款债务的额度越高,借贷方承担的风险越大,其利息成本就会相对更高,这对项目能否成功实施影响很大。

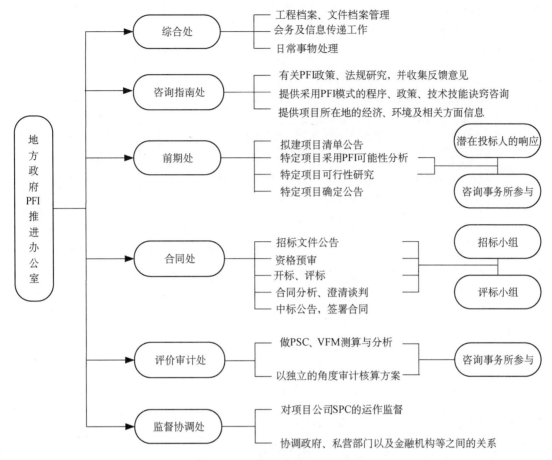

图 2.3　PFI 推进办公室组织结构

我国固定资产投资实行资本金制度。针对不同的行业,传统方式融资的资本金占总投资比例约 20%～35%,对于公益性投资项目不受此限制。确定资本结构的基本原则是在不会因为借债过多而伤害项目经济强度的前提下,尽可能地降低项目的资金成本。只要融资成功,不影响项目的经济强度,选择什么样的资本结构都是允许的。

在 PFI 模式中,项目发起人的出资比例较低,通常占总投资比例小于 30%,很多都是仅占 10%甚至不到 10%,实际运作中可能更低。以英国为例,政府国债的真实收益率一般为 2%～2.5%,而 PFI 的融资成本一般略低于 6%,其中 1%用于补偿系统风险和税收(政府的国债一般是免税的),因此利益的诱惑是很大的[79]。

在已完成的 BOT 项目中,英国的达夫大桥项目资本金为 0%,借贷额度达到 100%;澳洲悉尼隧道项目的资本金为总投资的 5%;英法海峡隧道项目的本/贷比为 20∶80[89],我国广西来宾 B 电厂资本金为总投资的 25%[89]。

以我国深圳沙角 B 电厂为例,项目合资中方为深圳特区电力开发公司(A 方),合资外方是在香港注册专门为该项目成立的公司——合和电力(中国)有限公司(B 方)。根据合作协议安排,在深圳沙角 B 电厂项目中,除人民币资金之外的全部外汇资金安排由 B 方负责,合资 B 方利用项目合资 A 方提供的信用保证,为项目安排了一个有限追索的项目融资结构[90]。其资本结构包括股本资金、从属性贷款和项目贷款三种形式,具体资金安排见表 2.1。

表 2.1 深圳沙角 B 电厂融资结构

资本结构	资金条目	资金数额
股本资金	股本资金/股东从属性贷款(3.0 亿港币)	3 850 万美元
	人民币延期贷款(5 334 万人民币)	1 670 万美元
债贷资金	A 方的人民币贷款(从属性项目贷款)(2.95 亿人民币)	9 240 万美元
	固定利率日元出口信贷(4.96 兆亿日元)	26 140 万美元
	日本进出口银行:欧洲日元贷款(105.61 亿日元)	5 560 万美元
	欧洲贷款(5.86 亿港币)	7 500 万美元
资金总计		53 960 万美元

本案例中纯股本资金占总投资的 7.13%,借贷资金占总投资的 92.87%;如果把人民币延期贷款计入股本金,股本金的比例也只上升到 10.23%。从该项目的融资资本结构中可见,政府投资为零,项目公司的资本金也仅有 7%～10%,因此该项目的融资与建设是充分利用了项目公司的融资能力解决了电力基础设施发展的问题。

3 PFI 项目承担人的选择方法

拟建公共项目确定采用 PFI 模式后，接着需要解决的核心问题是通过招标投标的方式选择合适的项目承担人。制订科学有效的招投标程序，采用科学的方法对投标人进行评价和选择，寻找到最合适的项目承担人，是保证 PFI 项目成功实施的关键。

本章对 PFI 项目承担人的选择问题进行了系统和深入的研究。首先讨论了选择 PFI 项目承担人的招投标程序，然后研究了对投标人的评价和选择方法，接着应用示例对选择程序和评价方法的应用方式进行说明。

3.1 项目承担人的选择流程

采用私人主动融资模式建设运营公共项目的实质，是政府或公共部门在特定时空内将公共项目和服务的全部或部分责任与风险移交给私营部门。虽然选定合适的项目承担人，对于项目能否赢得成功是至关重要的。项目承担人的选择是政府或公共部门通过招标委托的方式，招募愿意承担该特定项目的有能力的私营企业或部门，形成双方特殊的委托关系，并在一定情况下给予特许经营、政策性补贴及/或财政、税务优惠等。选择、确定项目承担人的招标流程见图 3.1。

对于采用 PFI 模式兴建的军事工程和监狱，一般采用直接确定项目承担人的方法，属于议标形式，需更严格地审查候选承担人的资格与能力。

根据《中华人民共和国招标投标法》的规定，在我国进行大型基础设施、公用事业等关系社会公共利益、公众安全的项目建设过程中，项目的勘察、设计、施工、监理以及与工程建设有关的重要设备、材料等的采购，必须进行招标。虽然采用私人主动融资的项目均为投资大、融资结构复杂的大型基础设施和公用事业等关系社会公共利益、公众安全的项目，属于国家规定的招投标范围，但因项目有大额私人资金注入，所以项目承担人的选择流程是在参考招投标法的基础上为 PFI 项目独立设计的。

3.1.1 招标

这一阶段包括开标前的所有工作，具体包括招标准备和发布招标信息，对预投标人的资格审查、发售标书和招标文件答疑及投标、开标等。

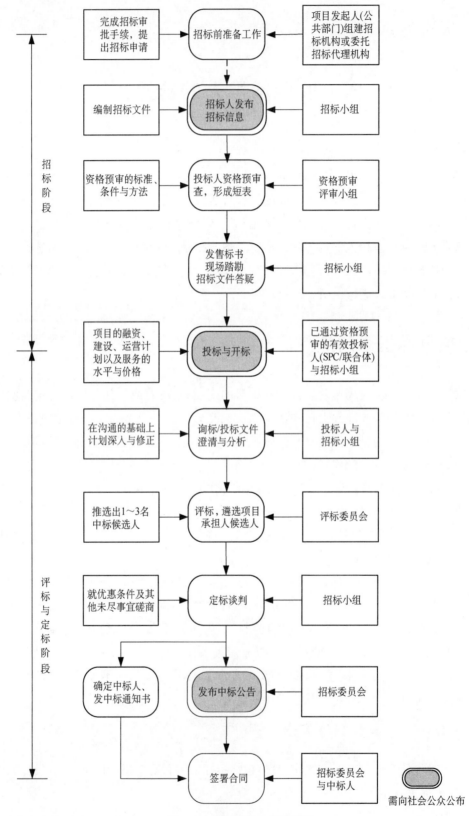

图 3.1 项目承担人确定流程

3 PFI项目承担人的选择方法

1) 招标准备工作和招标信息发布

在拟建公共项目确定之后,作为项目发起人的公共部门需在PFI推进办公室的领导下积极做好项目招标的各种审批手续,向政府招标投标管理机构提出对项目承担人招标的申请,组建招标组织机构。招标组织机构组建方法有两种,一是由公共部门会同有关政府部门和单位、招标代理机构的专业人士共同组建,另一种是将招标工作全盘委托给有资质的招标代理机构。由于项目承担人的确定牵系着整个项目的成功与否,项目发起人在一些重大问题上必须掌握决策权,因此较多的是前一种做法,其组织结构见图3.2。PFI推进办公室下的合同处与项目发起部门首先要共同组建招标委员会,这是一个临时机构,下设的常务机构是招标小组。在项目选定阶段已建有一个三方参加的项目工作小组,对选定项目的前期评估工作负责,因此可以通过小幅调整(主要是增加熟悉或精通招投标工作的人员)把该工作小组的性质在招投标阶段转换为招标小组,以减少机构设置,保持工作的连续性。资格预审评审小组与评标委员会都是阶段性的临时机构,可以把招标小组成员与咨询顾问小组成员适时地调整设立,而不需另设。

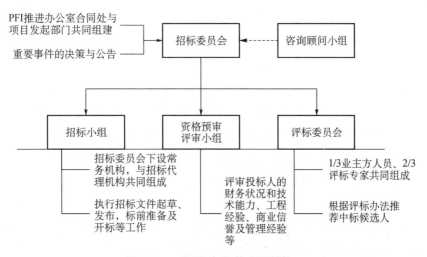

图3.2 项目招标机构组织结构

建立了组织机构后须聘请专业的咨询公司和律师事务所,利用他们的经验,对项目的经济、技术、法律等方面的问题进行深入研究和分析,开展细致、完整、严密的招标准备工作,最大限度地降低项目风险,提高项目成功率。

招标小组还需准备资格预审文件,在资格预审文件中明确资格预审标准。在项目规模大、技术要求复杂的情况下,资格预审的期限可以根据项目前期工作的准备情况适当延长,让更多潜在的投资人获悉项目信息,吸引优秀的投资人。资格预审文件中的资格要求,应该根据项目的特点和要求进行制订。

编制资格预审文件的同时,招标小组的另一项重要工作即是编制招标文件和特许权协议,制订评标标准。在招标文件中,必须详细说明政府在技术、经济、法律服务等方面的要求,让投标人尽可能充分和准确地领会政府的意图。投标文件中应该把投标人必须遵守的

· 55 ·

强制性的要求和可由投标人建议的可协商的要求区分开来。在特许权协议中,应规定项目涉及的主要事项,明确政府可以提供的各种支持条件或者承诺。而针对项目的最终目标,如:最终消费者支付的价格最低,或公共支出最低,或项目的整体费用最低等,招标文件中应给出尽可能明确和详尽的评标标准,以利于投标人呈交最大限度满足政府部门要求的方案。

在做好招标准备工作后,由招标小组向社会公众发布拟建公共项目的招标信息。

2) 对预投标人的资格审查

PFI模式下项目承担人不仅需要有较强的融资能力,而且须具备卓越的建设经营的技术技能与丰富的实践经验。水平参差过大的众多投标人的参与,使得开标评标程序拉长、时间延长、费用加大,增加了项目的前期成本。因此,PFI项目选定项目承担人都需要对预投标人进行严格的资格审查。"资格"通常指投标人的履约能力,包括投标人的财务状况、融资能力、建设技术水平、运营能力以及实践经验等方面的情况。大型复杂的项目的资格审查有"资格预审"与"资格后审"两种方式。

"资格预审"是在项目发起人发布招标文件之前对潜在承包商的财务状况和技术能力、工程经验、商业信誉及管理经验等进行全面评估,未能通过预审的承包商就没有资格购买招标文件和准备投标书。通过"资格预审"可以淘汰那些不合格和资质不符的投标人,筛选出确有实力和信誉的投标人参与投标,减少业主的评标工作量,缩短签约前的工作周期,减少评审费用。

"资格后审"是业主在开标后由评标委员会对承包商的财务状况、技术能力进行评估,只有通过资格后审的投标人方可进入评标,也有的把这种称为两段式招标。与"资格预审"相比较,"资格后审"在投标初期没有限制,允许最多的有兴趣的投标人进入到招标程序中。但对于大型、复杂的公共项目,会出现众多承包商竞争一个项目的状况,造成社会资源的浪费,对业主来说,也会增大评标阶段的工作,增加评标费用,如在世界银行贷款的项目中出现业主未将合同授予最低价投标人的情况,还可能导致法律诉讼事件。因此,对于大型复杂的公共项目,一般均要求采用"资格预审"方法。

资格预审的流程如下:① 招标人组成资格预审评审小组,准备资格预审文件;② 公开发布资格预审文件;③ 发售资格预审文件;④ 投标申请人编写和递交资格预审申请书;⑤ 评审小组对投标申请人进行必要的调查,对资格进行预评审;⑥ 向通过资格预审的投标申请人发出资格预审合格通知书,并将结果通知所有投标申请人,形成有资格的投标人短表。

一般项目的资格预审小组与负责招标各项工作的招标小组是合并的,对特别重要、大型的项目可能需另设资格预审委员会。

3) 发售标书与招标文件答疑

只有通过了资格预审的预投标人才能购买或获得招标文件。为了使投标人充分了解和理解项目发起人的招标意图,发售标书后招标小组将提供投标人到现场踏勘考察的机会和条件,并召开标前会议答疑,就投标人在对招标文件分析和做标书过程中发现的问题给予统

一、全面、公开、公正的回答。现场踏勘和招标文件答疑都应安排在投标截止期前的一段时间进行。

4）投标与开标

从购得招标文件到投标截止期，投标人的主要工作是做标和投标。这一阶段内投标人须进行招标文件分析、合同条款评审、现场考察与环境调查、确定实施方案、明确投标报价，并按招标文件要求的格式和内容做标，起草投标文件。PFI项目的投标书中要特别详细地说明项目全寿命周期的成本与费用、融资结构与来源、项目运营、维护计划、投资回报预测和风险分析与分摊，这些关键因素是否合理和有效，将显著地影响最终的评标结果。

开标通常仅是一项事务性的工作。在规定的时间与地点公开检查各投标书的密封及表面印鉴，当场宣布那些不合格的标书，并宣读所有合格投标书的标价、工期。

3.1.2 评标与定标

招标小组在开标后一般还需对投标文件进行分析，做进一步的询标和召开澄清会议。投标文件分析是招标小组在签订合同前最重要且十分复杂的工作之一。招标小组对投标书的融资方案、建设工期与成本、项目组织与施工方案、项目运营方案与收费标准等各个方面进行全面的分析，对投标文件中发现的问题向投标人发出询问，并要求予以澄清[91]。

1）评标

根据《中华人民共和国招标投标法》第41条规定：中标人的投标，应符合下列条件之一：能够最大限度地满足招标文件规定的各项综合评价标准；能够满足招标文件的实质性要求，并且经评审的投标价格最低，但是投标价格低于成本的除外。评标方法根据《评标委员会和评标方法暂行规定》（国家计委等七部委第12号令）第29条的规定包括经评审的最低投标价法、综合评估法和法律、行政法规允许的其他评标方法。

经评审的最低投标价法是评标委员会根据招标文件中规定的评标价格调整方法，以所有投标人的投标报价以及投标文件的商务部分作必要的价格调整，但评标委员会无需对投标文件的技术部分进行价格折算。能够满足招标文件的实质性要求，并且经评审后最低投标价的投标人作为最佳中标候选人。综合评分法是将投标人的技术标和经济标中的质量、技术、人员配备、工期、标价、信誉、业绩等方面按相对权重打分，用综合得分来衡量投标文件是否最大限度地满足招标文件中规定的各项评价标准的评标方法。

《评标委员会和评标方法暂行规定》中对经评审的最低投标价法的适用范围简单归纳为，一般适用于具有通用技术、性能标准或者招标人对其技术、性能没有特殊要求的招标项目；而技术、工艺和性能较复杂及其他一般不适用于经评审的最低投标价法的招标项目，宜采用综合评分法。但多年来在有外商投资和国际金融机构出资的项目中，普遍采用的都是经评审的最低投标价法，在世界银行、亚洲开发银行等国际机构的《采购指南》中，除了规定评标必须采用经评审的最低投标价法外，还严格禁止招标人事先设定最低限制价格。英国等国家和地区在对PFI项目进行评估时,也基本采用了这种方式。

我国的大型项目投标评估中,这两种方法都有使用,但考虑到私人融资模式中低价优先原则对预投标人之间的相互竞争、实现最有效投资以及与国际惯例接轨,对PFI项目建议采用经评审的最低投标价法。在评标过程中投标价一定是重点考察的核心要素,但投标人对该项目设计的质量、以往业绩的纪录、融资方案等因素也需综合考虑。在对项目发起人进行调查后,发现除了投标价占很大比重外,设计质量、项目公司的扁平组织结构和包括融资、技术方案在内的其他因素也有着重要的影响。图3.3是英国财政部对部分招标人做问卷调查后给出的选择PFI项目承担人主要影响因素的权重。

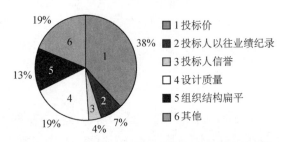

图3.3 选择PFI项目最佳中标人考虑因素的比例

数据来源:英国财政部

2) 决标与邀请谈判

按照评标报告的分析结果,根据招标文件的规定,评标委员会将遴选出1~3名(在竞争充分的情况下)项目承担候选人,以便于下一阶段的谈判。决标后招标小组应分别邀请候选人进行合同谈判(Invitation Tenders Negotiation,ITN)。由于PFI项目融资量大、合同期限长、服务的要求与收费标准都较难确定,因此这类谈判时间一般都较长,而且较复杂。因为项目牵涉一系列的合同及相关优惠条件,谈判的结果要使项目有充足的资金,项目的运营结果满足中标人、政府与社会的要求,或达到相对的均衡。如果招标小组与第一候选人不能达成协议,将转而与第二候选人进行谈判。通过谈判,招标人可以利用这个机会获得更合理的报价和更优惠的服务,而候选人也已获得较完备的信息,利用这个机会修改合同条件,特别是风险条款。对于竞争十分激烈的项目,作为项目发起人的公共部门在谈判中的地位会非常主动有利。例如北京第十水厂BOT项目,谈判工作共进行了三轮。第一轮主要是了解沟通双方的观点,第二轮解决了水价等核心问题,第三轮解决了包括不可抗力的处理等遗留问题[92]。

3) 合同签署

在定标谈判之后,招标委员必须在法律和招标文件规定的时间内向中标人签发中标通知函,同时向社会公示招标的最终结果。

按照法律和国际惯例,中标函即是招标人的正式承诺文件,这时合同已正式生效,而双方签订合同协议书通常仅是一个形式。

3.2 项目承担人评价和选择方法

在项目承担人选择过程中,几个重要的因素是评价时会发生显著影响的核心问题。

3.2.1 资格预审的方法

资格审查是为了从众多的响应者中拟定一个数量不多又确有竞争能力的备选名单,其审查方法应能全面考察预投标人的能力,而且不宜过于复杂。资格审查一般都是采用调查表的形式,我国不同部门的工程项目主管部门出台了相关的资格预审管理条文,如土建工程、公路工程、材料设备等都有相应的资格预审参考文本。资格预审调查表(Prequalification Questionnaires,PQQs)通常是一系列的有关问答表格,特点是对预审查的预投标人的能力进行打分,一般是分为"合格性""不履行合同的历史""财务状况"和"经验"等几个大方面[93],赋予它们各自权重,再根据工程项目的实际情况进行各大项指标的细分,如"经验"又可以细分为"一般施工经验""平均年施工周转额""专业施工经验""关键活动的专业施工经验"等子指标。对一些重大项目,可能还会进一步细分下去,并进行量化处理,以便于评审。

与一般工程项目相比,采用PFI模式的公共项目对预投标人的资格审查侧重点有所不同,技术能力、完成项目的能力以及财务状况是评审一个预投标人是否能有效实施PFI项目的关键因素,这是基于向熟悉PFI市场的专业的咨询顾问公司详细咨询后的结果。在经官方媒体发布PFI项目招标的意图后,得到预投标人的响应,即需进行资格审查。为使评审结果达到最佳,可采用两阶段评审方法。

1)初步问卷调查评估

目的是通过一系列"篱笆"问题,把明显不符合候选条件的预投标人过滤出来。

根据预投标人对"资格预审问卷调查表"中的基本问题做出的回答进行初步评估。针对大型项目,预投标人需要在答卷中表明提供的信息是完整的,具备承担该项目的能力以及符合招标文件的要求。资格评审小组在通过了初步的财务审查和对投标人组织结构的定性分析后,对预投标人能否交付如此大型、复杂的项目做出一个判断。财务审查包括:

① 营业额。对于投标人来说,PFI项目不能是其最主要的业务,他必须有足够的营业金额用于周转,当然,对投标人业务范围大小以及营业额数量的要求随项目的规模变化而变化,但在建设阶段年平均基本支出费用和提供给物业管理承包商、设备与技术提供商的年服务费应当做重点评估。

② 信用等级。在"资格预审问卷调查表"中特别避开了询问预投标人自身的信用等级,对于业主(包括其顾问)来说,寻求一个可以直接比较担保结果的代理机构是更好的选择;

③ 合格的财政状况。需要明确指出的是,预投标人的审计师不可以签署表明其账目的

真实性和公平性,必须通过呈交其他财务数据来质疑其准确性。

除了客观地测评财务状况,项目发起人评审候选投标人的组织结构也是很有必要的。同时要查看投标团队中每一个核心成员的情况是否清晰准确,以及完成类似项目的良好纪录,以证明候选人的承担能力。

在一些情况下,候选人可能希望仅对项目的某个关键子项分包,而不是成为合伙人参与全过程的建设与经营。在初步评估阶段,需要评估候选人的分包路线与方法是否可以接受,是否合理。一般情况下,项目发起人会对哪些子项可以被分包作明确的说明,这在正式投标后的详细评估阶段还要有进一步的评价。

除此以外,候选人还应符合国家及地方政府对投标人的具体规定。

2) 详细问卷调查评估

详细问卷调查评估是通过详细的问卷调查评估,得出各候选投标人的得分,形成预投标人的短名单。该阶段是根据预先制订的标准对候选人提交的一系列结构化问题的答卷进行评估和打分。各问题给出相应的权重,权重分值应满足量化评估的全面性考虑。常见的问题包括技术能力(根据经验、工程实践和业绩)、承担项目的能力(根据专业特长和可利用程度)和财务与经济状况。

"资格预审问卷调查表"可以分为四个部分:A 部分,投标联合体的背景;B 部分,关于建筑承包商;C 部分,关于物业管理供应商;D 部分,关于咨询顾问。具体各部分内容的描述见表 3.1。

表 3.1 资格预审问卷调查表设计纲要

部分	要　　求
A	联合体的详细描述,关联组织间的关系和内部组织结构,包括他们的角色、任务和关键特长 联合体中各股东的详细描述(或潜在的股东) 财政能力(包括最近三年通过审计的账目) 增长融资能力的经验的详细描述
B	关于联合体中建筑承包商的详细信息 背景信息和法律组成形式 已有的 PFI 和其他相关技术经验和可参考资料 质量、健康、安全和环境的合格鉴定
C	关于联合体中物业管理服务供应商的详细信息,包括由此发生的设备、信息管理与技术和第三方收入 背景信息和法律组成形式 已有的 PFI 和其他相关技术经验和可参考资料 质量、健康、安全和环境的合格鉴定 关于雇用和退休养老金信息
D	关于联合体中咨询顾问的详细信息,包括设计师以及技术、法律、融资和其他方面 背景信息和法律组成形式 已有的 PFI 和其他相关经验 质量合格鉴定
E	声明(所提交的资料都是准确公正的)

除了 A 部分中财务经济状况需要联合体中相应组织共同完成外，其余部分都可以相对独立的完成问卷。表3.2 是英国卫生部给出的"资格预审问卷调查表"中各部分的权重参考值，权重比例是在对候选人的回答打分后进行计算的，而对候选人的回答如何打分，项目的"资格预审评审小组"应事先给出标准打分答案，并与候选人提交资料的数量、质量以及相关信息的准确性结合考虑。表3.3 给出回答的参考分值。

表3.2 资格预审问卷调查各分项权重参考值

调查问卷部分	技术能力(%)	承担项目能力(%)	财务经济状况(%)	总分(%)
A—联合体	11.0	3.0	23.0	37.0
B—建筑承包商	20.0	4.0	1.0	25.0
C—物业管理	21.0	9.0	1.0	31.0
D—咨询顾问	7.0	0.0	0.0	7.0
小计	59.0	16.0	25.0	100.0
分项总权重90%	53.1	14.4	22.5	90.0
总评价				10.0
最终得分				100.0

表3.3 资格预审问卷调查问题回答参考分值

评价描述	分值
极贫乏：完全不能提供证明自身的技术能力和承担项目的能力的资料	0
贫乏：仅能提供有限的资料证明自身的技术能力和承担项目的能力	1~4
满意：提供有充分的证据证明其技术能力和承担项目能力能满足项目的要求	5~6
优良：提供有相当可观的证据证明其技术能力和承担的项目能力能满足项目的要求，并在某些方面显示出超出项目要求的创新思想	7~8
很优秀：提供有相当可观的证据证明其技术能力和承担项目的能力能满足项目所有方面的要求，并在大多数方面显示及演示出超出项目要求的创新思想	9~10

与一般项目相比，PFI 项目的业主在问卷调查中特别关注联合体的信息资料，这里所论及的联合体包括几家独立机构的联合投标，也包括为该项目新组建的项目公司，后一种因为权责分明易于协调指挥而更受业主青睐，在具体的问卷表中获得更好的分值。经过两轮有效的评估，业主必须做出全面和综合的评价，得出明确的结果，列出通过审查的候选人名单，即国际上的通用说法——候选人短名单(short list)，并向公众公布。

对投标人而言，从购得招标文件到投标截止期，其主要工作就是做标和投标，这是投标人在签署合同前最重要的一项工作。在这一阶段，投标人的主要工作包括分析招标文件、合同评审、现场踏勘和环境调查、确定实施方案和各阶段的组织计划、估算工程成本/运营成本与收入、确定投标策略、作投标报价，并按照招标人要求的格式与内容做标书、草拟投标文件等。

事实上对于 PFI 项目而言，在资格预审阶段投标人就应对照招标意向书进行 SWOT 分析，确定是独立投标或与其他部门企业组建联合体。在做、投标阶段，重要的是详细分析招标文件中项目的背景与条件，做出项目的融资、建设和运营的总体计划、分阶段计划，进行费用—效益分析,标书中明确列出所做方案可获得的项目资金价值(VFM),同时,风险分析、风险分摊和响应方案也是标书中值得斟酌的重点部分。

3.2.2　招、投标文件的要求

1) 招标文件的基本要求

对于PFI项目,为使投标人的投标书更好地响应招标文件,招标文件须满足以下条件:

① 提交的建议书需满足项目最终运营产出的规定条款,包括提交的商业提案大纲应在潜在的假设条件下有足够的伸缩弹性。

② 明确要求投标人具有对项目的赔付能力(应考虑其资产负债表中所关联部分)。

③ 提交的合同管理协议应是适当的。

④ 已经草拟了项目所需要的(特许经营)协议计划大纲。

⑤ 有明晰的战略以应对最佳候选人在一些关键方面的重新谈判,包括更换候选人。

2) 对投标文件及标书内容的要求

投标人提交的标书中具体应体现出:

(1) 能否满足招标人对建设运营产出的规定条款

招标人对建设运营产出的规定条款在产出明细表中具体体现,投标文件中要明确反映出是否能满足产出明细表的要求,这是投标文件响应招标文件的先决条件。参与竞争的私营部门须提出与项目全寿命周期合同对等的、满足业主详细列出的全方位要求的解决方案,证明所提出的方案可以达到条款要求的服务水平。同时可以获得项目资金价值,这还须充分考虑与此相关的所有风险。

(2) 投标文件应证明能提交全寿命期内的资金价值最大化

由于PFI项目是在一个相当长的时间内交付一个完整的服务,所以对项目承担人的选择判断是在全寿命周期基础上做成本效益分析后得出的,而不仅是单个阶段的成本要素分析。例如,对于相同的服务需求的响应,两位投标人可能会有不同的投标策略,一种选择可能是前期投资高,后期更新与维护维修的费用较低;另一种选择可能是先期投资较低但更新与改善的频率更高。因此业主在分析投标文件时应考虑投标人整体费用的总净现值而不是其中个别阶段费用最小的诱惑。如果项目运作方案是合同结束时资产移交给公共部门,那么业主需要求投标人在全寿命周期资金流中考虑项目移交前的残值。

虽然招标人不能单纯比较对照各投标书拆零后单一阶段的费用,但仍然需要辨明各组成要素的成本费用状况,以澄清一些必要问题。例如,一份报价很有吸引力的标书可能是由于低估了某些特别服务所要求的资源而实现的。只有在整个合同期的总体价格和交付水平都能满足招标文件的产出规范条款,该标书在全寿命周期的成本与服务质量基础上进行的资金价值最大化分析才是可接受的,融资方案才是安全的。

所能获得的资金价值通常是由各参加竞标的私营部门提出议案,公共部门比较法

(PSC)是由国家或地方财政办公室依据可替换的公共部门传统运作方式所做的系统方法，因此，这两者间的分析比较不应被看做是简单的方案通过与否的测试，而是对项目信息进行量化分析的一部分。对于缺乏竞争的项目，VFM与PSC的比较将是至关重要的。

(3) 是否接受关键性合同条款及必需的风险转移

在合同中有一些条款，在项目发起人与最佳候选人谈判及融资结束时总是保留，这是合同中至为重要的关键条款，与合同价格有直接关系，也是反映风险转移状况的基础。根据经验，这些关键条款一般可能包括：

a. 一般风险与法律风险的分配以及双方的分配界限；

b. 对由于不履约引发事件和终止合同的赔偿问题；

c. 支付方式，特别是与有效性、需求、业绩和不履约引发事件等问题间的关系；

d. 价格变化，计价方式是可调价方式，与合理的价格指数有关；

e. 调停与干涉的权利；

f. 客户需求的变化。

为减少纠纷，这类条款应尽可能采用标准化的合同条款，再根据该项目做具体调整满足业主的实际需求，而这些调整还可在后阶段的合同谈判中进一步完善。

在一定程度上讲，由于经济形势的变化，所有PFI项目的风险都在增长。及时听取有关专家的咨询建议是很有效的措施，但困难的是合同文件不能在投标阶段尽早确定下来，即使在谈判过程中，合同也可能是不完整甚至是欠缺的，那么最终交付的标准、业主支付机制、终止合同的赔偿条款等关键问题对于投标人来说都可能是模糊不清晰的，这对风险分配是很不利的。

(4) 明确项目融资的方式

对于PFI项目，特别是较大规模的项目，如果在资金筹集方面缺乏令人满意的保证，这份标书会被认为是很不可靠。业主在确定最佳候选人之前，须对标书中提及的融资机构进行调查，确保其愿意承担该风险，并已明晰有关的商业性条款。对融资机构调查的内容主要是：

a. 融资机构的品质，包括是否有PFI项目或类似项目的经验，这可以检查其信用等级和咨询顾问对其交付能力的评价；

b. 融资计划，计划中提出筹集资金方法和可行的贷款方式；

c. 任何投资商所需要的安全担保或其他支持都应来自联盟或协会；

d. 投标商及其投资商是否工作勤奋，尽职尽责，这种勤奋在法律和技术上是有所不同的：前者与正式签订合同有关，后者与潜在承包商成功完成项目的能力密切相关。

招标人可以要求投标人呈交一份初步的融资计划中所需贷款方式表格，以供评标委员会在金融咨询专家指导下评标所用。招标人还需确认，借款人在对该项目的融资模型和整体计划清晰了解基础上愿意签署或承诺债务偿还。

(5) 整体报价是公共部门可以承受的

招标人不能接受的标书既包括报价可以承受但没有资金增值的，也包括有良好的资金增值却不能承受其报价两种情况。这里所说的PFI项目可承受报价不仅指建设预算期内，而且要覆盖整个合同期,一般都会延伸至25～30年。对于公共部门来说这是尤其重要的,它牵涉项目运营期间每年的费用,为此国家财政部或相关机构应有对一般合同条款的审核,例如出台PFI项目专用的合同示范文本。

(6) 能够确认联合投标联盟是有凝聚力的实体

在已有的PFI项目中,尽管也存在相当数量的单个服务供应商,但大多数的PFI项目是由能提供项目所需的不同服务而有效组织的联盟获得的。一个典型的联盟可能包括:服务供应商、物业管理公司、建筑承包商和融资机构,这些组成成员通常还兼有其他服务或运营的责任和义务,或是股本投资者。

尽管早在业主发布招标意向时就可能要求投标人出具组成联盟的协议以供资格预审,但联盟成员间的内在凝聚力仍然须在招标过程中得到进一步的证实,这可以通过以下的迹象考查:

a. 招标人是与作为整体的一个实体谈判还是须分别与联盟中各组成成员联系;

b. 联盟代表发言时是代表整个实体还是注重单个成员的利益;

c. 提交的文件是否以一个整体的形式包含了联盟内所有成员。

如果有证据表明这个联盟曾有在其他项目共同工作的良好经历,应是评标委员会不容忽视的优势。总之,联合投标的联盟应能证明在项目预定的时间表内有良好的组织管理能力,按产出明细表交付业主所需要的成果。如果经招标人同意,联盟成员更换,新成员须签署同意前面的条款和协议,尤其是关键合同条款和风险转移问题。

3.2.3 评标要点

(1) 整个评标过程需尽可能早地建立一个公正透明的程序,对投标人公布,保证在邀请谈判阶段把一些关键性的议题和需求加以澄清和谈判。

(2) 评标过程中,必须考虑投标人是否具有按时按质交付的信心。评标委员会对那些明显缺乏交付信心的投标人,无论其报价排列的前后名次,都不应考虑。例如交付的服务能否达到特别的质量要求,能否在规定期限交付这样的服务,融资计划是否能筹集到足够充沛的资金,诸如市场需求/交通量预测这种关键性的假设是否有可靠的基础。

(3) 在交付有保证的前提下,需要给投标人设立并通告最低的质量标准界限,这对有效解决成本与质量间的矛盾是有裨益的,而这需要做成本效益分析,必要时需听取融资顾问的建议。

(4) 最低投标价一定是评标过程中主要考虑的因素,但不能是唯一的因素。投标人的标书是否是项目全寿命周期成本与质量的最优组合更加重要。

(5) 在一次招标投标过程中,如有多份标书授予,招标人须决定是否可以把多份标书授予一个投标人。为此,招标人需要在对候选人发出谈判邀请时清晰地表明:投标人如接受多份标书,必须愿意承担招标人提出的折扣/优惠条件,并能提交证据证明在这种复杂环境下,针对更多/更大风险的管理方案能使招标人满意。

(6) 在 PFI 项目招标过程开始时,就要重点考虑与项目相关的市场份额和市场发展战略问题(例如,投标人未来是否有可能获得类似的项目,这也对评标有着潜在影响)。针对这些情况设立的评价标准应尽可能早地给予投标人,使投标人有充分的时间与机会考虑(至少在邀请谈判之前)。

(7) 评标委员会在发出邀请谈判之前,首先要确定详细的评价、选择方法,当然可以随情况变化而做修正。换句话说,评标过程与标准对于投标人而言应当是透明公正的。

(8) 类似地,邀请谈判也应表明对不同的标书如何处理。对于不同的标书重要的一点是是否有力地响应了招标文件,不同标书的评估方法应在标书呈交之前确定,当然可以随情况变化而做修正。

3.3 某消费生活中心及计量检查所项目选择及项目承担人的选定

3.3.1 项目的选定

1) 项目的概要

该项目是某消费生活中心和计量检查所的综合设施建设与运营,前者最初是消费者服务协会为消费者投诉和开办公益性消费讲座等活动设置的,后又考虑可以作为收集、提供消费生活情报、提供消费测试的机构等活动的处所;后者既是对市民计量思想普及、启蒙的场所,也是一家正式的计量检查机构。消费生活中心主要是政府为公众提供消费帮助的处所,计量检查所是为这些帮助提供计量检测的机构。

在项目的提案中关于设施的规模,综合设施部分预定 2 500 平方米,另外允许项目承担人另行建设 4 000 平方米的空间作为有效的附加利用。项目从开始建设起被授予 30 年的所有权,包括综合设施和附加面积在内,30 年后再选择项目是移交给政府部门还是继续授予私营部门特许经营权。

项目的资金来源是,有关服务费的支付、公共综合设施的设计、建设以及运营费用都来自于借贷,特定的计量器定期检查活动的费用由政府提供,分有一次性固定全部费用、按比率部分定额部分变动。

2) 项目选定的过程

该项目是 2000 年初由当地市政府提出提案的,为减少市政府财政支出,一开始就拟采用 PFI 模式建设运营该项目,在由有关部门组成的审查委员会审议了该项目的实施方针和招标纲要后,对社会发布了项目实施方案并接受社会公众关于实施方案的意见,对这些意见进行讨论、对项目提案进行评价后,确定了该项目采用 PFI 模式立项,并准备开始招募项目承担人。

3) 项目评价的要点

在项目的评价中,民间设施部分连同公共综合设施部分的收益率大约在6%~29%范围内(考虑了风险因素后调整为8%~31%);特定计量器的定期检查业务方面主要考虑能否获得9%的项目成本降低(即预期的VFM),评价的几个前提条件是:① 税收中市税部分要予以适当调整;② 项目用地中公共综合设施部分的土地提供无息贷款;③ 设施的建设风险调整率是3%;④ 折现率取4%。

预测的收益率6%~29%中,公共综合设施部分属于公益性质,可获得的营业收入较少,所以收益率仅达到6%,附加的民间设施部分可以被充分利用其商业用途,获得良好的营业收入,因此考虑收益率可以达到29%。

3.3.2 项目承担人的选定

1) 项目承担人选定流程

该消费生活中心和计量检查所项目已选定采用PFI模式并向公众作了公布,之后开始了项目承担人的甄选,这是一个两阶段招标过程。招标小组首先发布了对项目承担人第一次招标的要点,并就要点中有关问题召开了说明会,有57家企业120名代表出席了说明会;该阶段重点是对预投标人作资格预审,剔出不符合要求的响应者。说明会后即进行了第一轮质询答疑,并收到了212份质疑,5月初对此作了统一解答;5月中旬进行了第二轮质询答疑,收到130分质疑,于5月底作了统一解答;6月初有15家联合体、一家会社欲投标接受资格审查,评标委员会审议了他们的参与资格和对该项目的提案(标书),并对第二阶段的招标大纲进行了审议及发布,重点是综合评议投标书,甄选出最佳候选人。有6家联合体通过了审查;7月底接受第三轮质询答疑,收到有322件质疑,8月初进行了解答,8月底接受第四轮质询答疑,共88件质疑,在九月中予以解答,随后投标人提交了第二阶段的项目提案书——投标书,进入到第二轮审查,有5家联合体进入到"综合评价一般招标竞争",10月中旬评标委员会召开意见听取会进行第三轮审查论证,并要求投标人对其投标文件确认,得到响应后,评标委员会对标书进行了综合评判,确定了最佳中标人,并于11月中旬对社会公布,双方签订项目协议,至此,项目承担人的甄选结束。

从招标过程中可见,这是一个较为典型的两阶段招标,两阶段中分别有2次共计4回质询答疑机会,合计收到并回答了752件投标人的质疑,这使得招投标双方极大地交流了信息,明确了诸多问题,使所签订的合同条款对双方的责任、义务更加明晰,减少纠纷发生的可能,降低了项目合同期内风险发生的概率。

2) 综合评标方式及评价结果

进入到第二阶段招标主要是对投标人的投标文件进行综合评价。评标委员会首先制定出了不同子项的评价分值,包括基础分和附加分,如能满足招标文件中的最低要求,可给基础分,超出部分酌情给附加分,详细分值分配见表3.4。

表 3.4 某消费生活中心及计量检查所项目评价的分值分配

评价一级项目	评价次级项目	评价细则	基础分	附加分	合计	评价标准
设施的设计、建设与维护管理	设施的设计、建设	1. 各房间的功能、配置	5	3		投标文件中对各房间重要的空间要求应满足,超出招标文件范围的好的建议加附加分
		2. 可采用通用设计图	2			各种能源的消费系数,超系数的节省加附加分
		3. 有节省能源的对策	1	1		关于省能源(废物)再利用的提案,特别好的提案加附加分
		4. (废物)再利用的对策	1	1		针对公共设施与建筑设计的协调,有更佳建筑设计方案加附加分
		5. 景观配置与建筑设计的协调	5	3		充分考虑设施、停车场设计,与周边环境的协调,动力线布设的要点、能提前完工的方案前完工的方案。有更佳配置方案及外部结构方案加附加分
		6. 设施配置与外部结构计划	5	1		是可能实现项目目标的方案(6个月为上限)加附加分
		7. 施工计划与工程计划	2	1		是可能实现项目目标的方案前完工的方案。有更优方案加附加分
		8. 情报系统	2	1		投标文件中充分考虑了项目的公共性。有更优方案加附加分
		9. 公共性的建议	4	2		
		小计 1	27	13	40	
	维护管理	1. 维护管理计划(长期修缮计划)	17	3	20	维护管理的体制,长期修缮计划以及投标文件中对建筑物、设备的维护维修、清扫管理、警备、外部结构及植物栽培的管理有可能实现的具体内容。有更优方案加附加分
	合计 1(小计 1+维护管理)		44	16	60	
特定计量器定期检查		1. 定期检查实施体制	5	2		有更优的实施体制的方案加附加分
		2. 定期检查实施计划	15	8		有更优的实施计划的方案加附加分
		小计 2	20	10	30	
设施的项目计划	项目计划	1. 资金筹措、偿还计划的妥当性	2	2		有可能实现资金计划的方案,可以判断出不是合理低价
		2. 提案价格的妥当性	2			合理的价格方案
		3. 参与企业任务的体制	1	1		有各企业具体任务的表述,有详细的资金筹措方案
		4. 风险管理的方针	1	1		有风险管理方针表述的加附加分
		小计 3	6	4	10	
合计 2=合计 1+小计 2+小计 3			70	30	100	
民间项目设施	项目计划	1. 公共综合设施的风险分离	1	1		有项目民间设施部分的项目风险对公共综合设施部分的影响以及相应内容的表述。有更优提案加附加分
		2. 项目的寿命期	1	1		有项目寿命期超过 20 年的加附加分
		3. 项目的稳定性	1	1		有关于项目稳定性的表述,有更优提案加附加分
		4. 对周边地区生机利便性的改善	1	1		有民间设施项目对地区市民的贡献,含有更优公共综合设施一体化调整的建议加附加分
		5. 项目的 VFM 效果	5	5		有对土地使用费的预测,有由于土地使用收入最大期望值加附加分
	合计 3		5	5	10	
合计(2+3)			75	35	110	

该消费生活中心项目在第二阶段招标中有五家联合体进入正式评标程序,它们的标书中关于设施计划的详细内容见表 3.5。第二阶段招标的评价与审查流程,在图 3.4 中给出了具体描述,根据这个流程图对五家投标商的表述进行了综合评价,结果见表 3.6。

从表中可以看出,各投标联合体至少要满足公共部门的最低要求,对于公共设施部分,较多考虑其价格是否为合理低价,民间项目设施则希望被充分利用产生效益,根据综合评价程序打出的分遴选出最佳中标人为 M,但是评标委员会也有低标价是否能保证优质的项目质量这样的顾虑,并提出作为其他项目承担人遴选需考虑的问题之一。

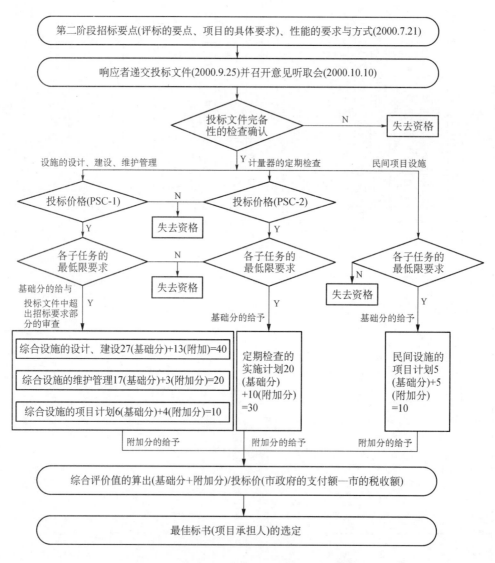

图 3.4　某市 PFI 项目综合评价、审查流程图

表3.5 某消费生活中心项目各投标书的设施计划

项目			[N]	[S]	[M]	[MT]	[T]	性能等
设施的设计、建设说明	结构等	结构	RC/2F 壁式框架结构、桩基础	RC/4F＋2F（分栋）纯框架结构、桩基础	RC/3F 纯框架结构、桩基础	RC/4F＋4F（分栋）抗震壁式框架结构、桩基础	S/3F 纯框架结构、桩基础	要求50年以上
		使用年数	（不详）	预计65年	计划为100年建筑	可能使用100年	50年以上	
	设施面积（注：小数点后1位四舍五入）	公共综合设施	2 374 m²	2 555 m²	2 819 m²	2 249 m²	2 109 m²	公共部门要求：约2 500 m²
		民间项目设施	300 m²	1 134 m²	1 185 m²	3 750 m²	1 530 m²	
		共有部分	65 m²	52 m²	0 m²	0 m²	41 m²	
		小计	2 739 m²	3 741 m²	4 004 m²	6 000 m²	3 681 m²	
		建筑面积	1 665 m²	1 635 m²	1 913 m²	1 282 m²	2 067 m²	
	工期	工期	11个月	10个月	11个月	13个月	12.5个月	要求：2003.2.28前完工，2003.4.1开业
		完工预定日	2002.8.31	2002.8.31	2002.8.31	2002.8.31民间项目；2003.10.31	2002.8.31	
		绿地	35%（含屋面绿化）	35%（含屋面绿化）	35%（含屋面绿化）	20%（含屋面绿化）	35%（含屋面绿化）	要求：20%以上
		车场台数（公共/民间）[停自行车辆数]	13台/2台[30辆]	13台/4台[40辆]	13台/27台[54辆]	13台/10台[31辆]	13台/30台（2层建筑）[83辆]	要求：13台[30辆]
民间项目设施		项目计划	教育中心项目	福利设施项目	食品超市、药店	老人保健设施项目、保育设施租赁项目	大型超市	
		土地使用费（每年）	2.4百万日元	4.4百万日元	4.3百万日元	8.0百万日元	6.8百万日元	

注：N、S、…：联合投标体；RC：普通混凝土；S：钢结构；2F：两层楼。

表 3.6 评价结果一览表(2000.11.13)

		[N]	[S]	[M]	[MT]	[T]
投标价格(按现价换算,日元)						
	借贷款	2 066 059	1 223 703	919 023	1 360 907	1 124 326
	政府拨款	249 885	221 821	234 240	360 070	466 572
	合计(A)	2 315 943	1 445 524	1 153 263	1 720 977	1 590 898
对价格以外的评价(得分)						
	与设施项目计划有关的建议(分值为10)	7.50	8	10	8.50	7.50
	与设施的设计、建设有关的建议(分值为40)	35	37.50	35.50	35	36
	与设施维护管理与管的建议(分值为20)	18.50	20	18.50	20	18.50
	与特定计量器定期检查业务有关的建议(分值为30)	20	28	25	20	25
	与民间项目设施有关的建议(分值为10)	7.16	7.85	8.34	8.11	7.57
	合计(B)	88.16	101.35	97.34	91.61	94.57
综合评价值(B/A×10⁹)		38.07	70.11	84.40	53.23	59.44
排名顺序		5	2	1	4	3

注:投标价内未包含消费税额。
按现价换算时取折现率为4%。
该表格数据来源于日本建设通信报。

4 PFI 项目资金价值的评估方法

目前公共项目的建设运营有两种模式,传统的方式是由政府部门负责建设与运营,另一种是私营部门以资金与管理技术介入到公共项目中。判断哪一种方式更适合并能获得更高的效益,重点是要评估哪种模式可以获得更高的资金价值。因此,项目资金价值评估成为确定是否采用 PFI 模式的核心问题。

本章对 PFI 项目资金价值的评估方法进行研究,首先讨论资金价值的影响因素和评价过程;进而分别研究对项目投资计划、实施草案和采购方式的资金价值评估方法;接着讨论资金价值评估中的定量方法;最后对蒙特卡洛模拟方法在资金价值评估中的应用进行讨论。

4.1 资金价值评估方法的影响因素和过程

4.1.1 PFI 项目资金价值的影响因素

项目资金价值是私人主动融资中一个非常重要的概念,因为评估项目是采用由政府部门全面组织融资、建设、经营与管理的传统模式,还是利用民间资金、专门技术和管理专长而采用私人主动融资模式,其核心是考察公共项目能否获得项目资金价值。

1) 项目资金价值的含义

项目资金价值是公共项目在两种不同模式 PSC 与 LCC 之下,相比较得到的项目增值。如果通过计算证明 LCC 确实低于 PSC,定性分析也显示 PFI 模式具有项目的可完成能力,就意味着该项目采用 PFI 模式更为适合,公共部门不仅能以低成本建设、运营该项目,而且还能获得增额的资金价值,但也包含了相应的利益与风险的分摊(参见图 4.1 VFM 的简略分解)。

通过对资金价值的简略分解可见,采用 PFI 模式后除一部分与政治、政策等有关的风险最适合由政府部门承担外,原由公共部门承担的融资风险、市场风险、项目不能按时按质量完工风险以及因各阶段分别进行而产生的冗余费用都被并入项目全寿命周期成本内,从而减少了项目整体费用,增加了项目的效益,即产生了项目资金价值。

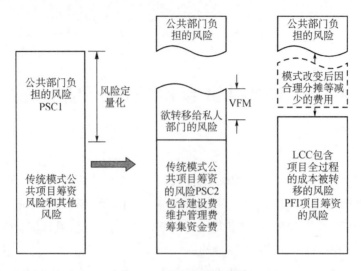

图 4.1 VFM 的简略分解

PSC 是成本计算和融资分析的基本方法,作为一个模板可以比较不同投标人提供的项目全寿命周期成本,相对最优的标书显示出可以获得更高的项目资金价值。显然,选择的项目采购方式越复杂,作决策时需考虑的因素就越多,而成本仅是其中一个重要的因素。即不仅要从经济效益的角度考虑,还要考虑可能的风险转移、提供服务的水平和更广泛的政治目的等因素都会对决策产生较大影响[94]。

PFI 项目的招标过程中,对资金价值的准确评估是极其重要的问题。确定项目承担人之前,需要对该项目的市场竞争能力进行充分的评价,确保这个项目在招标时存在有效的市场竞争,而且招标小组提出的招标过程将保持公共、私营部门双方的交易成本最低,招标过程是快速有效的,同样重要的问题是要考证在招标过程中是否会出现危及到 PFI 项目资金价值实现的市场竞争不足或市场竞争过度的情况。

2) 资金价值的影响因素

在评估项目是否具有 VFM 时,不仅要考虑项目全寿命周期成本是否相对较低,还要预测项目运营与维护的成本大小、项目融资的资金来源和结构是否合理、项目运营中盈利能力的预测是否可靠,进一步地还应考虑这种模式下项目运营对能源与环境因素的影响、政府是否能获得超出经济利益外更广泛意义的利益、参与各方能否结成战略合作伙伴、预期达到的项目目标是否合适、是否能获得合同条款中规定的质量标准、风险分摊是否合理以及供应商的供应能力等诸多影响因素,见图 4.2。这些因素对项目资金价值的影响通过定量和定性评估反映和体现出来[95]。

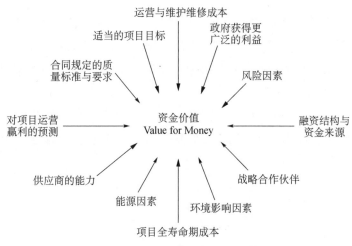

图 4.2 评估 VFM 需考虑的因素

4.1.2 PFI 项目资金价值评估的注意点

在对 PFI 项目进行资金价值评估时须对影响 VFM 的各因素进行充分的分析评价，还应特别注意下列重要事项。

1) 设计质量

设计质量是评价项目资金价值的核心要素，要给予相当的重视。项目建设成本的 80% 以上是在设计阶段决定的，项目运营效果与效益也与设计质量有着直接的关系。项目具有资金价值并不等同于单纯的项目建设最低成本或运营最低成本，充分考虑项目设计和建设质量，保证其可持续发展，能有效提高项目资金价值。

2) 员工利益条款

这是政府部门在获得项目经济效益外还需重点考虑的问题。为了成功地实施 PFI 项目，私营部门通常联合相关企业和部门组成专门的项目公司。对资金价值评估时应考虑到所获取的资金价值不能以牺牲员工的利益为条件或代价，也就是必须保证项目各个阶段中所有员工的聘用期限、工资水平、医疗保险以及其他福利待遇是合法、合理并具有激励性的。在 PFI 项目中所有员工的稳定与积极性对于被评估人和项目团队来说都是至关重要的。评估中须考虑到所有的风险分配和转移可能对员工产生的任何不利影响，因此在选择 PFI 项目承担人时招标人应充分重视这方面的问题。

3) 非市场因素

一些非市场的因素间接影响到项目实施的方法与过程，进而影响项目的资金价值，例如不同方案消耗的能源、对生态环境和社会环境产生的影响有显著差别。须通过定性分析考虑这样一些不直接影响项目成本的因素对项目成功实施的影响。

4）实际的可支付能力

资金价值评估应考虑投标人实际的可支付能力。这里的可支付能力是指和投资计划一致的项目全部费用的支出总额,这不仅与前期的融资方案相关而且与后期的市场变化与项目实际可获得盈利水平密切相关。对此招标人应对提交方案的项目可能成本与范围做全面的评估,具体体现在如下三方面：

① 合同协议中的产出明细表是否已充分考虑了项目可能的费用范围；

② 如果项目阶段性费用已得到解决,是否充分考虑了项目全寿命周期内全部费用的支付能力以及针对可能变化的对策。

③ 取决于地方政府的支付能力和与政策有关的营业收入中支持性补贴部分是否考虑到可能的风险以及相应的对策。

确定项目承担人是否具有支付能力,要注意的是在计算项目成本时存在预测乐观倾向。类似地,招标人在审查项目资产负债表和相应的预算时通常也存在乐观倾向。因此,所作评估应根据经验(参照已做过的或类似的项目的数据),并根据已掌握的项目特征做相应的调整。

5）不确定性

系统理论分析和已有数据都证明,项目评估中不确定性产生的影响是偏向于乐观主义的。许多项目参数的设定也受乐观偏好影响。例如评价时趋向夸大能获得较好的效益、资本,压低了运营成本,而对各阶段完成时间的估计又可能偏向于保守。

乐观偏好的一个潜在影响因素是不确定性。当评估者对未来不能确定时,很自然地会忽略他们所不可知的风险、需求和目标,虽然经验可以给出一些有代表性的数据作为分析依据。从项目的商业方案大纲起草,到正式的实施方案确定,对项目准确信息的掌握不断增多,因此确定性因素在不断增加；在项目的建设、运营阶段,也是相关信息的确定性不断增长的过程。因此总的来说,乐观偏好在项目发展初期影响更大,评估中应加以调整。乐观偏好也会受风险管理方法的影响,尤其是那些与完成商业方案大纲有关的方法[96]。

4.1.3 PFI 项目资金价值评估的过程

项目资金价值的评估贯穿在项目的全寿命周期过程中,分为项目投资计划评估(阶段1)、项目实施草案评估(阶段2)和项目采购方式评估(阶段3)三个阶段。在项目商业方案大纲出来之前就需进行项目的第一次评估,评审项目采用PFI模式能否获得良好的资金价值；在项目进入到阶段2、3时,如发现采用PFI模式不适合,将进行该阶段的评估决定是否继续下去；详见图4.3。

在投资计划评估之前,作为项目发起人的公共部门首先要对项目的需求、投资估算和可获得的效益作初步分析,通过比较排列出欲建项目的先后次序和评价结果。这些计算是粗略的,可与类似项目的经济指标相互比较作评估的参考数据。

4 PFI项目资金价值的评估方法

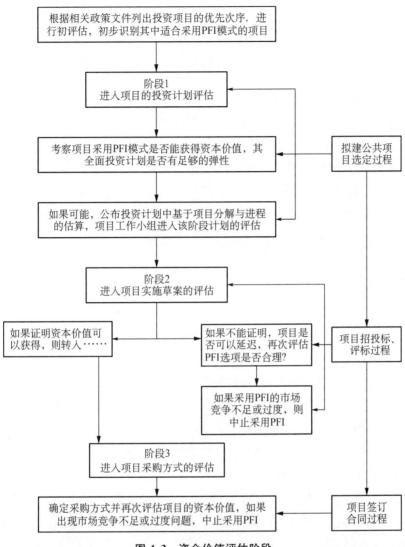

图 4.3 资金价值评估阶段

4.2 资金价值评估的三个阶段分析

4.2.1 项目投资计划评估方法

项目投资计划类似于一般项目的项目建议书,因是私人投资所以更侧重于项目的融资和建设能力分析以及对未来获利情况的分析,对投资计划的评估分为定性、定量两方面。通过该阶段的评估,初步确定项目是否适合采用 PFI 模式建设。

1) 投资计划的评估方法

(1) 投资计划的定义

项目投资计划是由作为项目发起人的公共部门在投资计划阶段提交的框架性项目建议书,以明确的战略发展方向为指导对项目选择哪种模式采购进行分析,并提出如何获得项目资金价值。投资计划制订过程中存在许多不确定因素,因此计划应保持充分的弹性使得项目的实施可以随情境变化而合理地变化。

"投资计划"是以一系列文件的形式提交的项目最初计划方案,重点在资金的筹划与实施。这些文件是根据政府经济发展规划,针对已被选中的项目制订出的项目商业目标与初步实施计划。项目的类型与规模不同,其投资计划的构成也不同。对于一些项目,一个单体的住宅项目就构成了投资计划的主要部分,而另一些项目则可能有多层、复杂的资本投资计划和子计划,因此项目整体的"投资计划"中应包含不同阶段、不同部门的子计划。

如果公共部门在制订项目投资计划时尚未考虑与投资计划相一致的项目组织结构,应尽快完成项目组织的构建,同时该投资计划作为该项目费用支出的主要部分向上级主管部门申报。在该阶段的计划中,还须考虑如不能获得项目资金价值,项目在阶段2是否有可能发生采购方式的变化,变化的可能性有多大,是否为此制订有应急方案。因为第二阶段评估后,在阶段3由于市场竞争不足或竞争过度导致项目发生采购模式变化的可能性很小。

在确定项目商业计划大纲之前,所有采用PFI模式的项目应在计划层次就做出基本的评估。

(2) 投资计划评估目的

① 针对某公共项目评估其投资计划,确定采用PFI模式是否可能获得最佳资金价值。

② 对计划作全面的、全过程的分析,判断对单体项目应用何种采购方式更适宜,以及采用PFI模式的时段是全程采用、部分采用或是完全不用。

③ 通过评估增加项目实施过程的透明度,改善业务流程。

④ 帮助公共部门从整体的角度决定。

a. 资本支出和营业收入的预算以及各参与方之间的分配方案;

b. 政府可以支持的项目计划的规模,以及能够提供的投资基金和相应的营业收入;

c. 可能获得资金价值的项目可能的采购方式;

d. 确定采用PFI模式是否具有实际支付能力,即成本估算与账务处理是否都合乎实际且都经过充分考虑;

e. 确定政府部门是否依据合理的结构和完备的技能建立了必要、合适的履行PFI计划的流程,保证公共部门与私营部门间交易成本最低、项目可以获得资金价值。

关于资金价值还应考虑的因素是PFI模式与传统方式相比各自的优势与劣势。其中(尽管不是每一个案例都如此)诸如设计质量、对环境的影响和是否有创新等因素对项目实施有更广泛的影响,对所交付的服务质量有重大意义。

(3) 评估方法的局限性

各种评估方法都有明显的局限性,表现在如下三方面:

① 在投资计划阶段,评估模型的创新是十分困难的,因为除非市场情况特别清晰,否则成本与获利都是未知的。但是这使得大型的、具有独一无二特征的项目建设运营都缺乏可

利用的经验。

② 如果利用的数据基础受当前时间的限制，或质量不可靠，对评估中参数的设定及至评估结果的准确性都有较大影响。为积累经验，公共部门应尽可能跟踪项目，做好项目后评估或计划后评估工作。

③ 创新性的项目在制订计划时采用的数据在深度与广度上都要求准确和完备可能会有较大困难，但可以分阶段、分层次地进行。

(4) 评估的结论和结果

评估必须将定性与定量方法相结合，定性与定量评估工作完成之后，要做全面的综合评估。组成评估的各部分都是存在局限性的，但计划中的项目最佳采购方式的选择必须从总体和分部的不同角度全面分析。进一步来看，针对PFI项目的部分或单体方案，定量评估确定的产出与结果是不完整的，不能孤立地考虑；投资计划也要既考虑每个单体的特征，又以整体战略方向作为指导。

计划层次的评估一旦完成，在项目发起人和项目工作小组对项目计划各个阶段检查中就应被应用。

2) 投资计划的定性评价

定性评价主要是寻找一系列问题的答案来判断项目自身的能力，这些问题是关于项目的潜在发展能力、获利能力和完成能力。项目工作小组就这三方面再进一步细化问询。

在对项目采购方式进行定性评估时首先须考虑的是PFI项目的潜在发展能力、获利能力和完成能力。因为PFI项目一般都是大型的提供公共服务的重要项目，因而需签订长达十年或数十年的长期协议。这些项目无论成功与否都不仅仅取决于成本，还有一系列的定性因素和定量因素需要考虑，以更好地选择最适合的项目采购方式。对潜在发展能力、获利能力和完成能力的评价属于定性分析，主要是通过相应的问询获得评价信息。

(1) 潜在发展能力评价

潜在发展能力的评价是指项目方案能否获得有效率的结果、提供的服务是否能满足社会公众的需求以及是否拥有股份产权等问题，而这些需求是由政府直接提供还是通过PFI模式获得，应做出清晰的评价。进一步地，在合同条款中应以产出明细表形式明确阐述在该采购模式下能否充分获得这些服务需求以及获得的程度。

投资目标和期望结果应当在合同、协议和具体实施方法中清晰明确地阐述出来，当然许多服务领域可以用合同条款描述，但有一些领域和目标本质上是无法通过合同明确界定的。目前对潜在发展能力的评价通常通过问询表的形式进行，详见表4.1。

(2) 获利能力评估

获利能力评估是指对不同采购方式下项目可能获得的相关利益的评价，例如以PFI方式和政府以较低成本借贷筹资的传统方式相比较其激励和风险转移问题，以及对公共部门与私营部门建立长期的契约关系的优势与劣势分析。

愈来愈多的实践经验表明，在PFI运作中恰当的风险管理可以较好地保证项目承担人按时按预算交付资产。以一体化思想考虑设计和建设的寿命期和运作成本，PFI 才能提供更恰当的风险管理和激励创新的方法，并通过绩效和支付机制取得一致的高质量服务。但是风险转移的价格在合同中必须明确，并且考虑 PFI 模式下项目的获利是否可能超过增加的成本。对获利能力的问询见表 4.2。

表 4.1 潜在发展能力评价问询表

条目	问 题
计划层次的目标和产出	·工作小组是否审阅过该领域类似项目的实施合同？其可操作性怎样？特别是这些合同中关于产出和需求的条款是否曾经过严格的评估？评估后实施效果如何？ ·该项目草案中是否清晰地描述了需要提供的服务需求、目标和以条款形式表述的产出？ ·需求与结果之间是否存在矛盾？是否有适当的协调措施保证项目可以顺利进行？ ·在员工保障方面，草案中的条款是否能既保护员工权益又能够交付高质量的服务？
项目运作的弹性	·工作小组评价项目实施草案在全寿命周期内的成本是否可以接受？项目的运作在合同寿命期内是否保留有足够的弹性？ ·对于长期合同，项目运作保留弹性与相应的成本变化之间的协调与平衡是否已充分考虑？
产权、效益和责任义务	·政府是否可以直接获得项目的公共产权和利益并行使其责任义务，而不是通过 PFI 合同？ ·对需要直接提供的服务是否设有可调整条款以及政策限定的限制条件？

表 4.2 获利能力评价问询表

条目	问 题
风险管理	·项目在重大的固定资产获得过程中涉及增加的风险成本和工期超时是否有重要影响？ ·项目在营运方面涉及的风险成本和工期超时是否有重要影响？
创新	·初步评估是否指出了可能的创新范围？是否给出了私营部门项目创新的合适范围、详细说明？是否针对创新对营运的影响做出预测或与私营部门进行相应的谈判？
服务提供	·计划中战略性目标能否促使项目组织内部保持柔性服务？ ·对于个别组织长期缺乏专家经验交流和积累，例如关于管理合同技能或承包相似工程的经验，将会产生何种影响？ ·如果改善了服务交付质量能够提高项目的全面利益，保持柔性服务是有意义的吗？ ·什么是相对的优势和劣势？ ·如果项目的全寿命周期及员工待遇条件都无变化，对预测的利益是否有承诺可以全部交付？ ·欲获得最佳风险分摊组合，风险转移是否是必要手段？ ·如果柔性服务是不可转移的，那么与政府承诺的提供给公共服务的灵活性是否一致？ ·通过服务转移来交付的项目实施有无变化？或有无其他途径可以获得资金价值？
激励和监督	·投资计划的产出是否能用明确且可测度的契约化的条款来描述？ ·服务是否可以以一个已通过审核的标准进行评估？ ·服务的水平能否通过 PFI 的支付机制获得加强或得到激励？
生命周期成本和剩余价值	·该项目是否可以形成设计、建设和运营一体化？ ·所构想的是否是长期合同？对于交付的服务采用长期的合同契约关系是否合适或有优势？ ·是否有显著的运营中成本和维护维修需求？这些因素是否对建设类型敏感？

(3) 完成能力的评估

完成能力的评估是指分析评价公共部门是否具有足够的能力能完成对项目涉及的复杂过程管理以及项目可能获得的市场利益,而这是对项目履约过程进行管理、获得符合合同要求的服务的关键。

当 PFI 模式可以使得公共与私营部门在技能方面能更有效地结合时,用以管理这两方面关系的规则明显地将与交易成本关联。特别地,采购过程将是复杂的。一些重要资源,如高层的管理时间,需要顺应项目发展的需要,并且对最终交付的服务实行全程监控。项目承担人的能力将直接影响到项目完成的时间,也将影响到可能得到的市场利益。采用 PFI 模式或其他基于合同的方法都是希望通过竞争获得更大利益,因此在形成项目草案的结构和对采购方式进行选择时要充分考虑可能的市场需求。对完成能力的问询见表 4.3。

表 4.3 完成能力评价问询表

条目	问题
交易成本与项目承担人的能力	・项目承担人是否有足够的能力来管理采购过程并依据已批准的产出条款评价进行中的项目实施? ・是否能及时组建具备合适技能的项目实施团队?
竞争性	・是否有证据表明私营部门有能力交付所需求的结果? ・对该项目是否可能存在充分的市场需求? ・对于已辨识的风险采取怎样的对策与处理?

3) 投资计划的定量评估

定量评估中包括投资成本、针对特定计划的运营成本、预期可获得利润,上述指标作偏好修正后的结果、具体的风险以及相应的交易成本的评估。

定量评估是在乐观偏好前提下,针对特殊风险以及预计的交易成本条件下,估算资本支出的价值、与某一特定计划相连的运行成本和效益,并做出定量的判断。当项目采用 PFI 模式时需以量化的方式考虑与传统方式获得项目时不同的成本和获利。对 PFI 项目,需计算项目通过私人融资筹集资金的成本,并因此对相关因素做出判断。框架性的评估计算模型应由政府相关部门建立,招标人应用其可计算出能否获得资金价值。在资金价值评估中应用的方法很多,其中敏感性分析因计算简便,分析准确而成为经常采用的方法之一。

一个项目的投入与产出,在项目寿命期内会面对许多不确定或未知的因素,其假设的生产状况、产品销售数量、销售价格、技术及管理等都可能因为许多难以预测的因素而改变,可以应用敏感性分析评估这些因素的变动对该项目的产出结果(如内部收益率)可能造成的影响。敏感性分析不仅要确定个别因素所导致的结果,还要分析几个因素组合可能产生变动的范围,以及其对整个项目融资可行性的影响。表 4.4 以假定的数字说明敏感性检验在估算投资项目成本及效益的主要变量发生不利变动时,对内部收益率的影响程度。表中,假设在其他因素不变的情况下投资成本增加 10%,项目的内部收益率从 22.01% 降低到 20.36%;营运成本增加 15%,项目内部收益率变为 20.66% 等,如几个因素同时发生,例如工程的进程延误,加上投资及营运成本增加,则项目的内部收益率降低幅度较大,从原来的22.01%跌落至17.63%。如果经分析预测出多个影响因素同时发生的可能性较大,而计算出项目内部收益率的变化很大,则认为这几个影响因素是需重点研究与预防控制的;如果内部收益率的值低于12%,则认为该项目必须放弃。这是由于一般国际金融机构及援助机构都认为12%是大多数国家认可的资金机会成本,因此通常把项目的基准收益率设为12%。但是针对社会发展的公共项目,其经济效益分析需偏重于国民经济评价和社会效益评价结果[97]。

表 4.4 项目敏感性分析

项目		变动(%)	内部收益率(%)
基本案例		0	22.01
单因素	(1) 投资成本增加	+10	20.36
	(2) 营运成本增加	+15	20.66
	(3) 产品价格降低	−10	19.24
	(4) 生产力降低	−15	18.52
	(5) 设备利用率降低	−10	19.81
	(6) 工程完工延误	1年	20.21
多因素(组合)	(1)+(2)+(6)		17.63
	(1)+(2)+(3)		16.32
	(4)+(5)+(6)		15.33

对于 PFI 项目,针对某个特别采购过程的项目全寿命周期成本的净现值评估是以一系列假设为基础,如果假设与实际情况有偏差,评估结果也会有较大误差,因此采购部门应避免仅依赖精细的计算。敏感性分析是用来计算不同假设条件下各采购模式对应的资金价值及其影响。这类分析可以从定量评估的结论中识别出假设中特别重要的变化,以致项目团队可能需要重新考虑产出明细表和潜在的假设条件。敏感性分析的结果包括一系列的图表,这是分别对公共部门采购和 PFI 模式采购两种选项中影响资金价值的不同投入指标的值从零向上或向下依次变化一个固定百分比后的结果对应曲线。值得注意的是,分析评估是对不同选项逐一进行的,而不能是同时。需要考虑的还有指标的不确定因素、潜在的可能性以及其他变化。

对成本的敏感性分析使得公共部门可以探寻不同假定的影响,但事实似乎是,重要变量的值可能在可控之外。这些分析有助于项目工作小组对长周期项目所涉及的内部不确定性理解的改善。

投资计划阶段的定量评估要尽可能降低评估模型的复杂性,尽可能简化。在完成基础性的投资计划评估后,公共部门应注意到属于不同层次的计划中同质性的问题。如果在一个投资计划中,项目的变化是实际存在的,公共部门应当注意在阶段 2 根据不同项目的特点做进一步的测算,同时针对某一特殊计划中反映出的不确定性在 PFI 和传统获得方式间的不同作平衡估算。计划评估应考虑不仅仅以典型的项目为假设,还要考虑一般项目计划的潜在变化可能性。

当组成项目实施草案的单体项目和计划的详细信息被更多的确定后,定量评估将进一步发展,形成一个阶段 2 的初步框架。所有的投入假设必须基于过去的经验证据及据此的推测。这两个阶段定量评估的结果都应作为项目下一阶段评估的一部分。

4.2.2 项目实施草案评价方法

这是项目资金价值评估的第二阶段,对项目的实施草案作出评价。

1) 项目实施草案评估要点

(1) 评估目的与结果

在对项目实施草案作评估时一般运用 PSC 法,这是为了考察在投资计划层次(阶段 1)设立的可以获得项目资金价值的评估假设是否正确,即 PFI 模式是针对每一单体项目的特征而确定的最适合该项目的采购方式。因为在阶段 1 已做了定性与定量的评估,因此在该阶段需对项目采购方式的选择和资金价值的提供过程给出定性的综合评价。在本阶段的项目实施草案中应用公共部门比较法,还可以辨明那些在上一阶段被认为是利益不大但又处于适合采用 PFI 模式的边缘项目,但项目商业方案一旦得到批准,就不再进行此类成本比较评估。

该阶段评估的主要目标是:

① 在投资计划评估的基础上,检验采用 PFI 的初步决策是正确的。

② 如果针对项目的特点讨论后已测定出假设的 PFI 模式不能提供项目资金价值,即可作为重要的参考意见指导项目工作小组选择其他可能的采购方式,例如传统的方式。

③ 把相关信息反馈回计划阶段,用以积累经验数据,为项目下一轮计划改善或今后同类型项目竞争提供帮助。

④ 保证招标人是在确信他们具有足够的项目支付能力时才继续进行下去。

⑤ 测算 PFI 模式实施在市场经济条件下是否具有较好的效益。

⑥ 保证在实际的期限内所计划的招标过程是有效率的。

⑦ 检验风险分摊协议是否具有具体可操作性。

⑧ 如果评估的结论是在现行市场条件下实施 PFI 项目是不利的,提出建设性的建议用以处理解决这些困难。

该阶段评估的结果应是对特殊项目应采用何种采购方式的进一步理解,并形成计划的一部分。它还将使得公共部门能更进一步地理解该项目具有的实际可能的产出能力。

(2) 项目实施草案评估的范围

项目实施草案阶段的评估假设所做的决策,是在最大限度地应用了计划阶段的数据前提下,确保 PFI 模式的采用能获得资金价值。即针对单个项目验证上一层次所做的假设是否有效。这些评估还能够验证在项目采购方式确定前所做的市场条件假设是否可靠。因此该阶段的评估可以为公共部门提供保证 PFI 的采用是满足招标要求且能提交资金价值的竞争结果,但是作为定量分析的评估结果并不能作为直接支持或否决某种获得路线的证据,也不能在相应的投标竞争中作为直接提交的资金价值。公共部门并不能在最终方案报告中提供明确的定量评估模型用以评判采购方式,但是必要时可在招标文件中列出参考的模型。

在项目的实施草案中,项目工作小组有可能检验项目中计划层次的假设是否正确,这包括基于项目潜在发展能力、获利能力和可完成能力的定性假设和基于定量的投入数量假设。该阶段的评估同样有定性与定量两种方法。

2) 项目实施草案的定性评估

该阶段的定性评估是从单体项目的特征角度回顾项目采用 PFI 模式的潜在发展能力、获利能力和可完成能力,项目工作小组要充分考虑阶段1中所作假设与项目实际环境间的关系。如果从整体的角度出发,根据项目的特殊特征被建议采用不同的采购方式,那么这种改变需要以文件的形式做出解释。一旦结果与目标都已清晰,贯穿项目采购过程所做的市场调查应当以一个已做过深入研究并且正在进行建设的项目为基础。在做出定性评估结论时尚须考虑定量评估的结果,并为形成阶段3的评估数据奠定基础。

在阶段1中曾提出应尽可能早地确定项目是否具有支付能力,在项目实施草案的评估中已进入确定项目采购方式的后期,如再有任何关于项目支付能力的问题提出都可能增加交易成本、削弱私营部门承接项目的信心、损害招标人获得资金价值的能力。从根本上看,支付能力出了较多问题将危及到 PFI 项目的进程,导致公共与私营部门两方面的资源浪费,因此在招标人起草合同详细条款时这是极为重要的。与之相关的是项目实施草案中的成本估算必须是实际的,PFI 交易的资产损益表也应在项目采购的起始就建立。在此基础上讨论 PFI 项目的可支付能力更具有实际意义。

3) 项目实施草案定量评估

本阶段定量评估以 PSC 为基础,与 PFI 模式下项目 LCC 相比较。对于公共部门比较法主要计算类似项目从立项到项目报废全过程中所有费用的净现值,所谓类似是指比较的项目对应于设计、建设、运营和维护维修要求的产出明细表是相似的。

计入的直接成本包括:① 期初资金支出;② 运营和维护维修成本;③ 增加资本支出。

计入的间接成本包括:① 公司层一般管理费;② 假定成本或隐藏成本;③ 风险转移成本;④ 其他成本,例如盈余财产或设备产生的成本;⑤ 可在项目参与方之间分享的预期第三方收入。

计算净现值所采用的折现率,应当包含了与项目自身有关的系统性风险补偿因素。如果根据项目实施草案计算出的全寿命周期成本的净现值小于公共部门成本比较法的计算结果,可以认为该草案使得项目能够获得资金价值。

项目工作小组在计划层所做的定量假设在项目实施草案的定性评估中可得到检验与回顾。在本阶段,项目工作小组将以具体项目的特征和以往经验为基础来更新定量评估的数据与进行模型的修正。然而只有存在更充足的理由,如固定资产支出发生改变,项目的投入才会发生变化。项目小组不可随意改变估算数据,尤其是像乐观偏好这样的风险因素,没有更充分的证据证明如何改变能取得更好的绩效。

4.2.3 项目采购方式的评估

这是项目资金价值评估的第三阶段,紧随第二阶段的方案草案评估后进行,对项目的采购方式是否合适进行评价。时间从确定项目实施草案到融资结束,评估结果将作为合同签订前协议草案中的一部分。

1) 项目采购方式评估内容与目的

(1) 评估内容

在成功地完成了项目实施草案的评估后,工作小组就需要对PFI项目实施的市场情况与效益做一完整的评价以利于最终确定项目采购方式。

事实上,评估的内容作为项目实施草案的一部分在第二阶段已完成,第三阶段是做进一步的深入分析,重点是辨明项目进行前期的市场问题。这一阶段将贯穿项目采购全过程,并根据项目的内部差异确定项目的关键性里程碑事件。如果项目实施草案中成本估算与融资结束时测算的价格明显不同,问题可能出在不可见的外部因素与乐观偏好不吻合。

(2) 评估目的

① 在项目计划和采购的早期阶段反馈市场信息;② 确定是否存在市场错误或失误;③ 保证所提交的风险分摊方案是可行的;④ 该阶段评估的过程与结果都应与投标评标的过程与结果相吻合。

简言之,该阶段的评估应帮助项目工作小组更好地决策与理解采用某种特定采购方式可能得到的利益。

(3) 评估中注意的要素

在该阶段评估中,特别要注意的是以下两个方面:

① 项目交易成本。PFI项目涉及的商业协议和融资协议都是极其复杂的,需要与项目有关的各方实施者及融资机构进行多次谈判,而各方参与者都有自己的法律和金融顾问。因此,项目采用PFI模式前期评估与招投标所需的时间和交易成本都会大大超过其他采购模式。这些因素也就对私营部门参与PFI交易的能力产生影响。参与项目竞争的私营部门都会发生明显的投标成本,包括内部的与外部的,而这些都会影响其对PFI项目的投标能力和积极性,比预计更高的投标成本也导致了PFI项目的成本增加,更长的协议期限制了项目的竞争。因此项目成功实施的关键是在保持一个PFI项目具有实际可行的竞争性同时能否获得资金价值,但这可能仅是一个方案。如果公共部门对交易成本能有效控制,那么在保证有效竞争情况下需要尽可能降低公私双方的成本费用。

② 风险分摊。对PFI项目合适的风险分摊,关键是保证项目的资金价值利益是清晰明了的。这个利益是指在一个主要的投资计划中要保证许多不同类型的内在风险——如工程

建设风险、建筑设计附带风险以及(适时提供的)服务附带风险,是分配给最合适承担与处置的那一方。政府部门针对PFI项目风险分配的思路并不是简单地转移给私营部门,风险一旦转移必定是伴随着私营部门更高的利润分配。

2) 对市场条件的评估

本阶段的评估主要针对市场条件的变化,评估是否存在市场竞争缺乏和市场判断失误两种情况。

(1) 市场竞争缺乏

在任何阶段,如果工作小组识别出市场竞争缺乏的情况,例如只有一位投标人或存在两个投标人但只有一个是可靠的,不能形成有意义的市场竞争,那么项目就不可能充分比较是否具有较优的资金价值,也不可以再继续PFI进程。市场竞争缺乏的原因必须进行仔细的检查与分析,因为在一些环境下这些原因也会影响传统的采购方式。值得注意的是,关于市场并不总是投标人数量的问题,投标人的质量也是至关重要的因素。如果只有两个投标人,而且都是很可靠的,那么这也就能形成一个非常有效的竞争并与其中较优者达成项目协议;反之,即使有三个以上的投标人,但只有一个真正有竞争力,那么市场的竞争性还是不够的。

(2) 市场判断失误

在项目已经选择了最佳中标人后才辨识出存在市场判断失误,那么能否获得项目资金价值就会再一次出现问题,PFI模式也就不能再继续进行下去。市场判断失误可以这样来定义,如果投标报价是在市场价格之外的,也就是说PFI项目中标价超过了类似PFI项目的市场价格,或最近类似的PFI项目以这样的价格运作,结果导致项目风险被大幅忽略。如果市场是竞争缺乏的或存在判断失误的,就可能导致PFI进程中断,必须转回传统方式继续进行。

在项目生命周期的中后期,对项目做持续地评估是非常重要的,这些评估结果将被用在未来项目的评估中。类似地,从项目进一步到采购路线的信息都应被PFI官方推进部门有效利用形成决策。

3) 采购方式评估的要点

一旦进入正式的项目采购阶段,对采购方式的评估就涉及一系列对资金价值的检查,关键要把握三个方面:

(1) 竞争的质量是否得到保证

这实际是针对市场条件的问题。工作小组一旦发现市场获利水平低于预想的竞争水平,就需要考虑所采用的采购方式是否合适,这时需重新从投资计划阶段开始对项目进行定性分析,再次评价项目的可生存能力、获利能力和完成能力。

(2) 相应的风险是否恰当地转移给了私营部门

对于风险的合理分摊如有政府的标准合同文本(英国财政部2004年4月发布的PFI标准合同第三版可作参考)作为指导是很有益的,同时使用分部门或分领域的标准支付机制与分部门或分领域的标准产出明细表都是合理分摊风险的基础。

(3) 在一个有效率的项目采购进程中，竞争产生的成本是否合理而有效

竞争产生的成本包括合同成本和融资成本，其中隐含了交易成本。这些对招标人的支付能力有很大的潜在影响。如果不同的投标人提出不同的融资计划，那么就可能形成有益的融资竞争市场，这对增加项目的资金价值也是有益的。

(4) 合理的时间进程

在项目实施草案中设置项目采购的合理时间进程表，工作小组在每一个里程碑事件的时间点进行监督检查，时间表中对获得资金价值有影响的潜在问题都应被特别地指明。工作小组特别要监督的是最优项目承担人的选定与融资结束这两个关键事件的时间是否与计划相符，一旦发生变动，工作小组要向项目发起人递交基于检查控制表的书面报告，并做出相应的调整。

4.3 资金价值评估的定量评估方法与参数

4.3.1 VFM 定量评估方法

在进行计划层次的评估时，需要考虑预算资金约束。这种考虑包括两种采购模式（PFI 或传统方式）长期或短期内，由于资本支出的折旧与成本和未来维护费用对供应方的约束，以及与之相关的经济发展状态和涉及的资源的影响。

定量评估应用的工具与一般项目投资分析应用的工具相同，重要的是分析评价在 PFI 模式下的价格是否可以证明项目能够获得资金价值。在阶段 1，项目工作小组需要对整个计划进行分析。如果一个部门列出了需要获得实际投资项目的优先次序，那么就需要确定能够支持该投资的采购方式，这可以通过应用计划中的数据资料获得，而这些数据应来自于已有的或目前正在交付的类似项目。

用于分析的定量模型不应仅聚焦在估算的某一点上，而应针对计划中可预测的变化评估不同的方案。采购部门应该保证他们在定量评估中已充分考虑了采购中附属的各种非市场影响。

敏感性分析是一种很好的工具，但其隐含了一个假设，即各个不确定因素发生变动的可能性是相同的。严格来说，影响方案经济效果的大多数因素都是随机变量，因此在评价前述重要指标时应考虑一定的不确定性。

以下分别以 PSC 方式和以 PFI 模式采购的情况分别讨论分析。

4.3.2 VFM 定量评估用的成本数据

PFI 项目的全生命周期成本除可以用直接成本和间接成本计算外，通常还可以分为资本支出（包括设备）、生命周期内投资成本、运营支出、剩余成本和交易成本等五个部分。

1) 资本支出

资本支出是招标人在获得资产的过程中发生的支出,不包括正常营运期间为维护该资产所需的支出。典型的资本支出包括建设成本、预备金、专业费用、合理的不可预见费用等。不同的项目,资本支出值不同,需要依据恰当的专业咨询建议确定。

在合同协议中一般应设有资本支出调整条款,针对自合同实施开始在主要建设期间项目资本支出的调整。项目资本支出的确定在项目实施草案中是通过项目每年已发生的资本支出来调整年度资本支出条款的,各部门可根据已有资料与数据制订出项目中与自己部门相关且适当的资本支出调整条款。如果缺乏这样的部门指标,工作小组应确定可应用的合适指标。

① 对 PSC 计算时:资本支出的计算输入值应在任何或有费用①确定之前明确。另外,由于增值税是转移支付,因而在现金流折现分析中被忽略,资本支出的输入值也应该在增值税确定之前明确。

② 对 PFI 模式:资本支出输入值假定高于 PSC 选项的成本估算。这意味着 PFI 模式下成本超支和工期延迟的风险被转移给了私营部门,而 PFI 项目的合伙人通过分包合同成功地把这些风险又转移给了建筑承包商。合伙人保留的风险反映在股权回报和需要的优先债务中。工作小组需探索特殊工程被评估时所需做的测试或合适值。例如可以通过研究传统方式采购资产/服务和类似项目以 PFI 模式采购,但是以不同的单方造价分析它们各自的优势与劣势。

2) 寿命周期内的投资成本

寿命周期内的投资成本包括合同履行过程中的阶段性投资,以及为维护新的资产与原计划目标相吻合所需的投资。理论上,寿命周期成本指以一个速度和频率投资,能使得新的资产在建设、更新和采购中维护在一个相同的标准。如果合同期限与估算的资产寿命期相同,生命周期成本将表示为确保在合同期结束时该资产的质量与功能所需要的投资水平。

① 对 PSC 计算时:采用 PSC 选项的生命周期成本可能不取决于需求,而是支撑资产消耗的公共资金的调度与运用。从以往的经验看,采用 PSC 计算出的生命周期成本在项目结束后不能获得原设定的质量与回报,也就是说,公共部门只能获得更少的资金价值。寿命期成本从部门到部门,甚至从一个项目到另一个项目,其比率与数额都是在变化的。计算时的输入值应根据项目特点和部门特点与惯例确定。寿命周期成本是在确定了乐观偏好后表示的初期资本支出的百分率,其数额由采购机构确定。

对于 PSC 计算,工作小组需要确定投资的生命周期成本的水平和速度(例如,是年度还是两年一次,或是十年一次)。如果选择根据 PFI 模式不同阶段有代表性的生命周期成本水平推测模拟,那么除了乐观偏好,这两种采购方法计算出的资金价值就没有什么不同了。

---

① 我国会计法中对或有事项的定义是:或有事项,指现存的一种状况,其最终损失或收益的发生与否,依未来某些不确定事项是否发生而定。

② PFI 模式:在这种选项下假设所做的生命周期成本投资是年度的,其投资水平应基于部门以往经验的清晰总结。工作小组应通过总结其他类似的 PFI 计划的经验,寻找到对该项目合适的评估需求值。

3) 运营支出

运营支出指的是如果继续采用 PFI 模式,项目运营所发生的成本,这不包括那些发生在 PFI 项目服务范围以外的费用支出。典型的运营支出包括建筑物内外的维护维修成本、提供辅助服务的成本(例如清洁)、企业管理费用和保险费等。

合同协议中关于运营支出也需设立调整条款,该条款中关于员工的部分被应用到与成本有关的所有工资调整方面,非员工部分被应用到所有非工资性的运营支出、生命周期成本和第三方收入中。如果项目是分期建设的或发生延期,运营支出可能在资本支出发生之前就已发生。同样,运营支出的输入值也是随项目不同而变化的,因此采购部门需要根据专家咨询建议和内部评价结果来确定。运营支出设立的水平应满足 PSC 和 PFI 两种选项的一般要求。

① 对 PSC 计算时的运营支出有:设施运行的无风险成本和/或工作小组要求达到的标准服务;采购机构成本估算中乐观偏好反映的额外成本和/或所获得的服务水平。

② 采用 PFI 模式时,在应用乐观偏好因素之前,假设 PFI 选项下的运营支出比 PSC 选项下无风险运营支出更大。更高的成本反映了 PFI 合伙人如果因未获得协议规定的标准服务,减少了绩效而获得的补偿,并且合伙人已成功地把大多数的风险通过分包合同协议转移给了服务供应商。在 PFI 下,根据乐观偏好确定无风险运营支出是很重要的,因为 PFI 合作伙伴是基于要求绩效的严格支付机制确定各项价格。

计算时运营支出中员工工资是每个雇员的年平均工资和雇员人数的乘积。因为 PFI 的合同条款和条件中不承担工人的费用,每个员工的年平均成本在 PSC 和 PFI 选项下都是一样的而不会由于采购方式的不同发生简单的变化。计算中不可能输入每个员工的不同年成本,但员工的总数在 PSC 和 PFI 两种不同模式下可能是不同的,因为提供同样的服务采用不同的方法所获得的效率是不同的。

4) 剩余成本

剩余成本表示的是在合同期结束时为满足提交高质量服务所需要的设施或资产需要的投资水平。如果所估算的生命周期成本是定期且充足的,那么剩余成本就假设为零,而且合同期限等于该资产估计的使用寿命,那么 PSC 和 PFI 两种采购方法下的剩余成本也都假设为零。如果生命周期成本中投资比在 PFI 选项下所需要的更低,计算中就通过一些简单的假设以确定剩余成本。例如当生命周期成本的净现值大于 PFI 模式的 50%,剩余成本的净现值可设为初期资本支出的 35%,反之,剩余成本的假设值可能高达初期资本支出的 70%。

经验表明,传统采购方式提高了生命周期成本中不适当的投资,例如与资产所需服务质量相匹配的环境或资产功能性标准的渐进变化导致相应成本膨胀。而 PFI 模式下的剩余成本假设为零,因为 PFI 合同包含了项目生命期内的所有维护与移交义务,项目将以生命周期成本为基础从及时有效的投资中获得利益。

5) 交易成本

交易成本是项目发起人与私营部门针对不同的采购方法为达成合同协议发生的成本。计算时假设 PFI 选项下的总交易成本高于 PSC 选项下的交易成本。这反映了公共部门与私营部门进行交易时支出水平较高。例如公共部门在合同签订之前需要从用户的角度更严格地设计完善已有的项目计划,这就增加了公共部门的交易成本;而私营部门为了引入第三方融资者,导致技术性、合法性的工作努力程度水平都要提高,这就增加了私营部门的交易成本。

在英国,PFI 合作伙伴在公共部门交易成本上最小的金额达到了 75 万英镑,这意味着在进入到 PFI 合同中时,这是计算中假设的公共部门的最低成本水平[98]。这还反映了 PFI 项目成本半固定的性质,项目规模与交易成本趋向于松散的线性增长。目前 PFI 项目私营部门交易成本的平均水平大约是:私营部门的交易成本约是 PFI 模式下资本支出的 1.5%[66]。

6) 整体费用调整

PFI 合同中费用是逐步上升的。PFI 原始资金价值显示的是以税前目标内部收益率为基准收益率计算的净现值。然而,这仅提供了一系列假设下特殊的单项评估。PSC 方式的净现值被定义为全寿命周期成本、第三方收入、交易成本、调节税值、假设范围变化的成本和直接影响资金价值各因素总和的折现值。而 PFI 模式的净现值被定义为项目整体费用、公共部门交易成本、假设范围变化的成本和直接影响资金价值各因素总和的折现值。如果在假设的基础上,又缺乏敏感性分析或其他定量分析,计算出的 PFI 原始资金价值大于零,工作小组可能由此推断 PFI 选项可能比传统采购方式提供更大的资金价值。但是就此判断选择或拒绝采用 PFI 模式还为时过早。

4.3.3 定量评估中折现率的选取

定量评估中计算净现值重要的参数就是折现率的选取,所采用的折现率可以当前平均社会折现率为基础,由 PFI 推进办公室在一段时期内做出统一规定。例如英国在 2002 年之前取用的是 6%(实际折现率),新的政策更改为 3.5%(实际折现率)。在英国,现金流折现分析可以对实际的或名义条款管理。在两种情况下,未来现金流的折现率与已表述的现金流基础上的价格一致。一方面,如果所有当前和未来的现金流是以实际条款表述的(如当前价格),那么计算这些现金流回报所用的折现率应取 3.5%(英国财政部发布的绿皮书中的要求),另一方面,如果当前和未来现金流是以名义条款表述的(彼时价格),那么实际条款中的折现率应根据主要的 GDP 紧缩值做相应调整。

在我国进行资金价值评估时,政府及有关机构尚未对折现率的选取给出统一的规定,由公共部门聘请的咨询机构根据项目的特征和社会经济发展状况给出具体值。

1) 折现率确定应遵循的原则

① 折现率应高于国债利率和银行利率。投资人将资本投资于国债或银行,不需承担风险,但投资回报率较低,如投资于项目,投资人希望冒一定风险以期获得更多收益,因此对项目进行资金价值评估时折现率如低于国债利率和银行利率,该项投资就失去了意义。

② 折现率水平应以行业平均收益率为基础。不同项目的收益水平有着明显的行业特征,行业结构强烈影响着竞争规则的确立和行业内部的收益状况,行业主要结构特征决定了竞争的强弱,进而决定了行业的收益率和行业内项目的盈利空间。

2) 折现率确定的方法

一般可以采用加权平均成本法、资金利润率法、累加法和 β 系数法等确定[99],在这些方法中,β 系数法是发达国家采用的较精确的方法,但关键问题是 β 的取值如何确定。在美国,β 值的确定主要来自于证券市场的数据分析,各种方法和模型都依赖于历史数据、市场数据、基础数据或者它们的综合。加权平均成本法、资金利润率法和累加法各有其优势,资金利润率法对行业利润率与社会利润率大体一致的项目,是采用社会平均利润率作为折现率;累加法中考虑了风险与通货膨胀率的因素;加权法则对融资结构比例作了权重的考虑,但都只是提出了折现率确定的大致范围,缺乏精确的计算,折现率确定的结论较为主观。

4.4　资金价值评估的蒙特卡洛模拟分析

对项目草案进行不确定因素分析,可以采用概率树和蒙特卡洛模拟等不同方法,这主要是与风险变量的多少有关。在风险变量和每个变量的状态数不多于三个时,采用概率树能较简单直观地列出相应的联合概率和累计概率;考虑到 PFI 项目的风险变量个数较多,每个变量出现的状态可能多于三个,因此较适合采用蒙特卡洛模拟方法进行概率分析。

4.4.1　蒙特卡洛模拟方法

对 PFI 项目的资金价值评估,最重要的指标是净现值(NPV)指标和内部收益率(IRR),而 NPV 的值取决于项目寿命周期内每年的净现金流量(CF_t),各年净现金流主要受各年的投资额、成本、销售量、产品价格等不确定因素的共同影响,如前所述,这些因素都是不可控制的随机变量,因此各年的净现金流、NPV 也是随机变量;内部收益率是 NPV 为零时所得的折现率,因此同样是随机变量。前文中所做的资金价值评估都是在假设市场完美、各影响因素确定的前提下分析的,因此如能通过研究 NPV 和 IRR 的概率分布,可以在一定程度上模拟出 NPV 和 IRR 的概率分布状况,进而确定出项目偏离预期目标的程度和可能发生偏离的概率,对项目方案在经济上可行或不可行的评估提供更有力和更有效的证据。

蒙特卡洛模拟方法是一种先进有效的风险分析方法,它根据统计理论,利用计算机来评估多个非确定型的风险因素对项目总目标所造成的影响,通过某种"试验"的方法,得到这种事件出现的频率,或者这个随机数的平均值,并用它们作为问题的解。其基本思想是首先对欲评估的目标变量构造或描述概率过程,用 数学模型表示,这个模拟的模型应尽可能综合影响该目标变量的主要风险变量。在模拟模型中每个风险变量的风险结果及其相对应的概率值都可以用具体的概率分布来描述,然后利用一随机数发生器产生随机数,再根据这一随机数在各风险变量的概率分布中取值。当各风险变量的取值都确定后,被评估的目标所受影响的结果就可根据所建立的模拟模型计算得出。这样重复多次,通过产生随机数得出风险总体效果具体值的过程就是蒙特卡洛模拟试验的过程。具体来说,对项目的评价指标,如内部收益率、净现值等进行模拟试验,可获得评价指标的概率分布及累计概率分布、期望值①、方差②,计算项目由可行转变为不可行的概率,从而为项目投资决策的评估提供依据。

1) 蒙特卡洛模拟的主要步骤和程序

根据上述蒙特卡洛模拟方法的基本思想,其评估项目资金价值的主要步骤如下:

① 确定评估资金价值所采用的目标指标,主要是净现值、内部收益率等;

② 分析相关的环境和条件,确定对项目目标指标有重大影响的参数变量(例如投资额、成本等),并以一具体的数学模型表达出来;

③ 对上一步建立的数学模型中的参数变量进行调查与分析,确定其概率分布;

④ 根据评估分析的精度要求,确定模拟次数,为各参数变量独立地抽取随机数,并根据随机数在各参数变量的概率分布中随机取一值;

⑤ 将各参数变量的取值代入上述建立的数学模型,计算出用以评价的目标指标值,即得到一个随机事件的样本值;

⑥ 重复第四步的操作,直至预定模拟次数,得出多个目标变量值,形成对目标指标评估的分布;

⑦ 对得到的样本值进行统计分析,得到分布曲线,进一步可以检验其概率分布,估计均值和标准差;

⑧ 计算出项目目标指标大于等于基准值的累积概率。

一般来说,模拟次数越多,目标值的分布越接近实际情况,因为模拟的次数愈多,可能结果的平均值就会愈接近真实的情况。当模拟次数达到相当的次数时,平均值就会趋于稳定,也就是说收敛于一个固定的值;而模拟次数过少,随机数的分布就不均匀,影响模拟结果的可靠性;但实际上模拟次数过多不仅费用高,整理计算结果也很费时费力,一般模拟次数在

---

① 期望值是变量的加权平均值。
② 方差是描述变量偏离期望值大小的指标。

200~500次之间为宜。在模拟分析中,关键在于正确地分析和建立各参数变量的概率分布,以及之后随机值的产生。蒙特卡罗模拟的过程以框图形式表达,见图4.4。

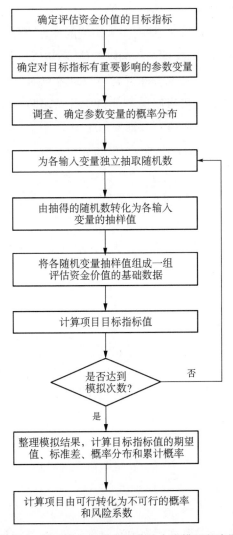

图4.4 项目资金价值评估蒙特卡洛模拟程序图

2)随机数的产生及参数变量的随机取值

(1)随机数的产生

随机数是指一系列等概率发生的数,其基本特征是其中任何一个数出现的可能性或概率是相等的,因此随机数可以定义在任何一组等概率出现的数上。最简单、最基本、最重要的一个概率分布是(0,1)上的均匀分布(或称矩形分布),为了简单方便,蒙特卡洛模拟方法中使用的随机数一般就是具有这种均匀分布的随机变量,即随机数序列就是具有这种分布的总体的一个简单子样,也就是一个具有这种分布的相互独立的随机变数序列。产生随机数,就是从这个分布中进行抽样。具体产生0~1之间随机数的方法很多,一般的计算机中都有产生随机数的程序,产生的也叫伪随机数①。Microsoft Excel 中在"工具"菜单中附有"随机数产生器",分布类型中有均匀分布、正态分布、贝努里分布、泊松分布等可供模拟时使用。

(2) 参数变量的随机取值

抽取随机数后,需要确定对目标指标有重大影响的参数变量的概率分布,再根据该随机数在相应的参数概率分布中取值,这即被称为随机值,利用所取得的随机值可以得出目标变量的值。不同项目的参数变量的概率分布通常可以借鉴已有类似项目的实际数据,并结合对各种具体条件的判断来确定。当风险因素的概率分布函数已知时,可以借助适当的数学方法逆变换法来获取风险变量随机值。其基本步骤为:

① 根据风险变量的概率分布确定风险变量的分布函数;

② 对风险变量分布函数进行逆变换,求出其反函数;

③ 通过随机数发生器产生一随机数(伪随机数);

④ 利用随机数代替分布函数值;

⑤ 将分布函数值代入累计概率分布反函数,并求得反函数值;

⑥ 上一步骤中得到的反函数值便是该风险变量的随机值。

(3) 变量的概率分布

在经济分析与决策中,连续随机变量概率分布有许多种,较常用的分布有:

① 均匀分布

均匀分布的特点是在一段区间内保持恒定不变,可以描述某些阶段内固定成本、均衡流动资金投入、正常年份的营业收入等相对稳定不变的变量。

② 三角分布

三角形分布其特点是密度函数是由最大值、最可能值和最小值构成的对称的或不对称的三角形,适用于描述工期、投资等不对称分布的输入变量,也可用于描述产量、成本等对称分布的变量。

③ 正态分布

正态分布的特点是密度函数以均值为中心对称分布,这是一种最常用的概率分布,因为投资项目的随机现金流可以看成是多个独立的随机变量之和,由概率论的中心极限定理②,可以假定,多数情况下一般经济变量的随机现金流的概率分布是近似服从正态分布的,例如销售量、售价、产品成本。

④ 经验分布

其密度函数并不适合于某些标准的概率函数,可根据统计资料及主观经验估计的非标准概率分布,它适合于项目评价中的所有各种变量。

---

①计算机上产生的随机数是按照确定的算法产生的,它遵循一定的规律,显然不是真正随机的,因此将这种随机数叫做伪随机数(Random Number)。

②设 $X_1, X_2, \cdots, X_n$ 是独立同分布的随机变量,在样本数足够大时,X 的平均数近似服从正态分布。

对这些分布抽取随机值的方法参见附录3

4.4.2 PFI项目资金价值评估的蒙特卡洛模型

对PFI项目的资金价值评估,最重要的评价指标是项目净现值和项目的内部收益率。

设项目实施方案的寿命期为n(时间单位),净现金流量序列为$y_0,y_1,\cdots,y_n$,($y_t = CI_t - CO_t$)。周期数n和各周期的净现金流量$y_t(t=0,1,\cdots,n)$都是随机变量。对于某一特定周期t的净现金流量y_t可能有无限多个取值,可将其简化为若干个离散值$y_t^{(1)}, y_t^{(2)}, \cdots, y_t^{(m)}$。因此由各个周期净现金流量现值之和构成了方案的净现值也是一个随机变量,即随机净现值,多数情况下,可以认为随机净现值近似地服从正态分布。

随机净现值和内部收益率为

$$\text{NPV} = \sum_{t=0}^{n} y_t (1+i_0)^{-t} \quad (4-1)$$

$$\sum_{t=0}^{n} y_t (1+\text{IRR})^{-t} = 0 \quad (4-2)$$

假设方案寿命期的周期数n为一常数,根据各周期随机现金流的期望值$E(y_t)(t=0,1,\cdots,n)$,可得方案净现值的期望值

$$E(\text{NPV}) = \sum E(y_t) \times (1+i_0)^{-t} \quad (4-3)$$

方案内部收益率的期望值

$$\sum_{t=0}^{n} E(y_t) \times (1+\text{IRR})^{-t} = 0 \quad (4-4)$$

方案的净现值和内部收益率的方差为

$$D(y_t) = \sum_{j=1}^{m} [y_t^{(j)} - E(y_t)]^2 \times P_j \quad (4-5)$$

以项目的方案净现值为资金价值评估的分析指标。首先假设通过敏感性分析,确认固定资产投资CI(Capital Investment)、项目营运收入OI(Operating Income)、经营成本OC(Operating Cost)为影响项目净现值的关键变量。考虑流动资金需要量与经营成本线性相关,不能作为独立的影响变量,它的值随经营成本的取值而变化。

依据经验和统计资料确定关键影响变量的概率分布函数,例如可设CI服从三角形分布,OI和OC服从正态分布,利用计算机EXCEL产生伪随机数,再代入相应公式(参见附录2)就可以直接获得固定资产、营运收入和经营成本的随机值。

根据上述基础数据,可计算项目的全部投资现金流量,从而依照式(4-1)计算出净现值NPV。产生伪随机数时预定好模拟次数,达到次数后,整理模拟结果,按净现值NPV从小到大的次序排列,并计算累计概率,从累计概率分布图可分析得知,净现值大于0的概率,评

估指标内部收益率的分析也相同,从而可分析该项目资本投入是否有增值回报。

4.4.3 资金价值评估的蒙特卡罗计算示例

对PFI项目的资金价值评估,用蒙特卡洛模拟方法计算净现值(NPV)指标和内部收益率(IRR),具体通过随机变量的统计实验进行随机模拟而求得项目目标指标在风险事件影响下的近似概率分布,即用模拟的方法获得评价指标的概率分布及累计概率分布、期望值、方差,计算项目由可行转变为不可行的概率,作为项目投资决策中风险评价的依据。

设某项目计划固定资产投资1.4亿元,流动资金1 000万元,项目三年建成,第四年投产并在当年达产。从项目建成开始计算,预计每年不含增值税的收入为4 500万元、经营成本2 000万元、附加税及营业外支出50万元、项目经营期15年。假设依据历史数据推测,该类项目的固定资产投资服从三角分布,年销售收入和经营成本都服从非标准正态分布,设项目的基准收益率为15%,试用蒙特卡罗模拟法进行风险评估分析。

以全投资税前内部收益率IRR和项目的净现值为项目风险分析的评估指标。根据经验和技术经济分析,可以认为固定资产投资、产品销售收入、经营成本为影响全投资税前内部收益率的关键风险变量,流动资金需要量与经营成本之间线性相关,因此不作为独立的风险变量考虑,它的值随经营成本的取值而变化。

根据假设知固定资产投资服从三角形分布,并且销售收入服从$N(4\,500,300)$、经营成本服从$N(2\,000,100)$。利用蒙特卡洛模拟程序产生随机数,界面如图4.5所示:

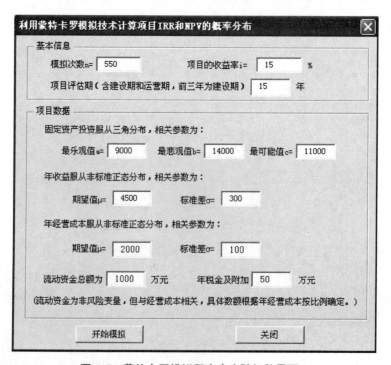

图4.5 蒙特卡罗模拟程序产生随机数界面1

计算出相应的指标数据,并绘制出 IRR 和 NPV 的累计概率图,如图 4.6、图 4.7 所示。

从图 4.6 可见,按题设的假设,该项目的内部收益率低于 15% 的累计概率是 20.18%,高于 15% 的累计概率是 79.82%;从图 4.7 可见,该项目的净现值小于 0 的累计概率是 17%,大于 0 的累计概率是 83%。进一步计算可知:

项目内部收益率的方差 $\sigma^2=0.1726\%$;

标准差 $\sigma=4.1543\%$;

平均值 $\bar{x}=18.8023\%$;

离散系数 $\sigma/\bar{x}=0.2209$;

项目净现值的方差 $\sigma^2=3\,386\,436.8269$;

标准差 $\sigma=1\,840.227$;

平均值 $\bar{x}=1\,683.85$;

离散系数 $\sigma/\bar{x}=1.09$。

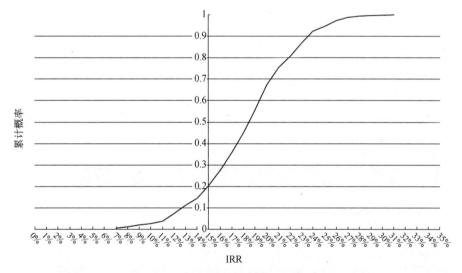

图 4.6 模拟结果 1—IRR 累计概率图

其中方差的计算采用的是

$$\sigma^2 = \sum [x_i - E(x)]^2 \times p(x_i) \tag{4-6}$$

$$E(x) = \sum x_i \times p(x_i) \tag{4-7}$$

如果采用

$$\sigma^2 = E(x^2) - [E(x)]^2 \tag{4-8}$$

计算出的结果与公式(4-6)计算的结果相差不大,因为这两个都是简略公式,在样本数足够大时,结果趋向一致。

从上述的计算结果可以看出,无论是内部收益率大于基准收益率的累积概率还是净现

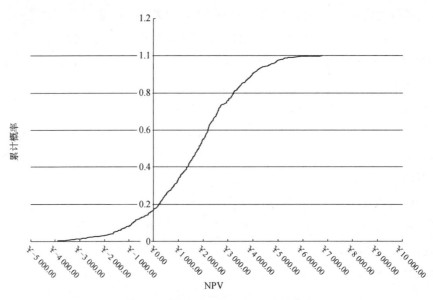

图 4.7 模拟结果 1—NPV 累计概率图

值大于零的累积概率均在 80% 左右,而 IRR 的离散系数为 0.22,NPV 的离散系数为 1.09,说明计算结果可信度较高,且该假设条件下的项目建设与经营风险都不很大。但是如果年收益和年经营成本发生变化,项目的可行性程度就会发生明显的变化。

再假设知固定资产投资服从三角形分布,并且销售收入服从 $N(4\,200,300)$、经营成本服从 $N(2\,100,100)$。利用蒙特卡洛模拟程序产生新的随机数,界面如图 4.8 所示:

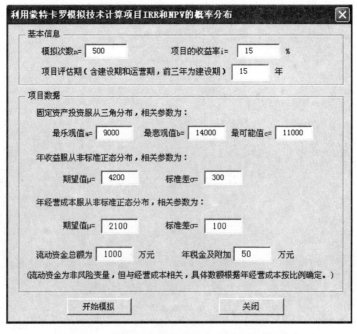

图 4.8 蒙特卡罗模拟程序产生随机数界面 2

4 PFI项目资金价值的评估方法

从图4.9可见,按题设的假设,该项目的内部收益率低于15%的累计概率是57.82%,高于15%的累计概率是42.18%;从图4.10可见,该项目的净现值小于0的累计概率是54%,大于0的累计概率是46%。进一步计算可知:

项目内部收益率的方差 $\sigma^2 = 2.2637\%$;

标准差 $\sigma = 15.0456\%$;

平均值 $\bar{x} = 14.4928\%$;

离散系数 $\sigma/\bar{x} = 1.0381$;

项目净现值的方差 $\sigma^2 = 3\,255\,498.8687$;

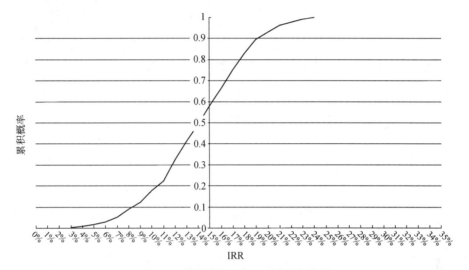

图4.9 模拟结果2—IRR累计概率图

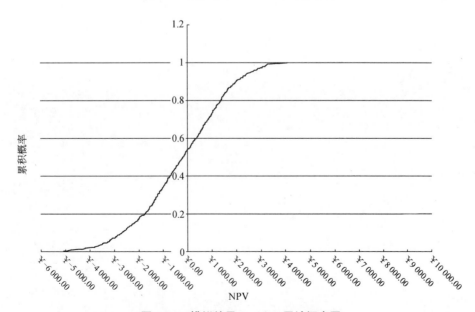

图4.10 模拟结果2—NPV累计概率图

标准差 $\sigma=1\,804.272\,4$；

平均值 $\bar{x}=-245.862\,1$；

离散系数 $\sigma/\bar{x}=-7.338\,6$。

由上述计算结果可以看出，年收益与年经营成本属于敏感指标，因为稍有变动，结果无论是从内部收益率大于基准收益率的角度还是从净现值大于零的角度，都说明该项目的风险很大。而离散系数的结果又说明，IRR 的计算可信度较高，而 NPV 的计算结果离散度相当大，可信度不高，也更加说明了项目的风险较大。

以上的计算程序详见附录 2。

5 PFI 项目的风险评价与管理

PFI 项目的基本特点是投资规模大、项目周期长、投资回报不稳定,因此其风险影响因素多,风险发生的概率和风险损失都较大。成功的 PFI 项目,可以使政府公共部门、投资商、运营商和其他参与方达到多赢,而不是纯粹为了某一方的风险转嫁。只有当风险由最适于管理它的一方承担时,才可能达到有效的风险分担。承担更多风险的一方也应得到更多的收益。如果一些风险没有照此原则分担,尽管项目融资依然可以进行,但是最终的成本费用可能很高,甚至导致项目失败。加强对 PFI 项目的风险控制与管理,在项目参与各方之间合理分担风险,使得各自承担的风险与获得效益相匹配,是加强 PFI 项目管理,提升 PFI 项目投入产出效益必须要重视的问题。

本章对 PFI 项目的风险分析和管理方法进行研究,首先讨论 PFI 项目风险分析和管理的过程,然后分别讨论 PFI 项目风险辨识和评价的方法,接着研究 PFI 项目的风险对策与管理问题。

5.1 PFI 项目的风险管理过程与风险辨识

风险是指一个或多个某类事件或因素对项目造成的威胁或损害;风险事件则是指在项目全寿命周期内发生的对项目目标有不利影响的具体事件。在项目经济评价中所采用的基础数据,如投资、成本费用、产品销售价格及建设工期等,大部分是来自对未来情况的预测与估算,由此得出的评价指标及做出的决策必然具有一定程度的风险。加强 PFI 项目的风险管理是 PFI 项目管理中的核心内容之一。

加强 PFI 项目的风险管理必须进行有效的项目风险分析,并提出风险管理的计划与控制措施。风险分析包括风险辨识、风险估计和风险评价等三个阶段,而风险管理包括设立风险应对计划和对风险的监督与控制,框架见图 5.1。因为对 PFI 项目进行资金价值评估,至关重要的是对风险的辨析与分析,因此这两部分是研究的重点。

风险辨识是风险分析的首要工作,该工作是根据风险分类,运用一定的方法从风险产生的原因入手,找出影响预期目标实现的主要风险。风险辨识侧重于定性分析,在辨识出各种风险事件后构成一个初始风险事件清单,供风险估计评价及管理等所用。

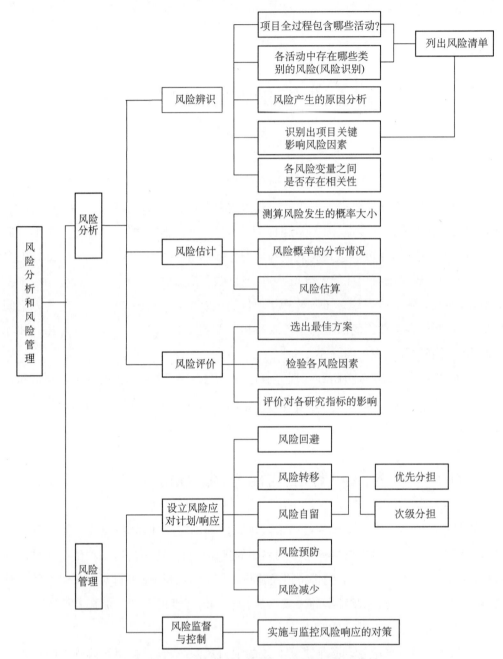

图 5.1　PFI 项目风险分析与管理过程框架

5.1.1　PFI 项目的风险特征

　　PFI 项目的风险贯穿于项目的全过程,包括立项、设计、建造、运营、养护、维修、移交等各个阶段,比较集中的风险表现在项目的建设阶段、经营阶段和移交阶段。随着各阶段的推进,资金投入的需求以及利润的产出非常不均衡。资金从开发期开始投入,在建设期达到高峰,进入到运营期后趋于平稳;项目利润一般在正式运营后开始获取,如果是分期建设的工程,则在建设期后期就可能开始获取,不确定性呈递减的趋势,见图 5.2。由于这种不确定性,使得项目的风险在建设交付期和运营期显得尤为突出[100]。

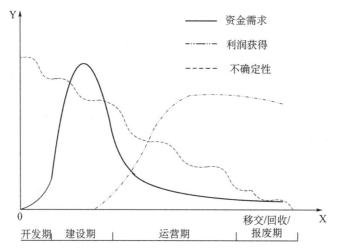

图 5.2 PFI 项目各阶段资金与不确定性状况图

PFI 项目风险的特征如下:

(1) 项目寿命周期长,私人融资额巨大,对回报要求较高,投资回收期长

PFI 项目通常都是有 20～30 年甚至更长寿命周期的公共事业项目或基础设施工程,投资额即融资量巨大。由于很多公共项目低收益甚至无收益,必须依靠政府财政拨款或补贴以及特许经营政策形成回报,因此投资回收期一般都较长,产生效益的期限也较长。

(2) 项目参与方多,涉及许多不同利益的参与人,合同结构复杂

由于 PFI 项目是一个从项目选定一直到项目生命周期结束的漫长过程,参与方众多,主要包括提供政策与宏观计划的政府机构,作为项目发起人的公共部门,承担项目全过程运作的项目公司,融资、设计、建设、运营与维护维修各分包商,贷款银行与其他金融机构以及担保机构与咨询顾问机构。他们之间相互利益不同,一般都是与项目公司签订双边协议,但合同结构又因相互间既要降低项目的整体成本又要获取各自的利益而十分错综复杂。

(3) 缺乏直接针对 PFI 模式的相关政策、法规

由于缺乏直接针对 PFI 模式项目的相应政策与法规,使得发生问题的双方在处理时缺乏依据,形成风险隐患。

(4) 缺乏项目未来市场的准确信息

PFI 项目周期长达数十年,在对项目资金价值评估时依据的是以往的经验与预测,这种信息的不准确性可能导致基于此的决策有重大的失误。

(5) 项目缺少客户长期稳定的购买承诺

公共项目是为公众提供服务的,公众不可能提供长期稳定的购买承诺,这使得运营商的财务分析有很大的不确定性。

(6) 项目无追索权或只有有限追索权

这个特点使得如果该项目中途停建或经营失败,其资产或收益不足以还清全部贷款,贷款人亦无权向项目发起人追偿。这种风险会很大地影响银行的贷款积极性,进而影响项目融资计划的实现。

(7) 项目后期牵涉比较复杂的所有权转让问题

无论哪一种建设模式,都会牵涉项目的所有权归属问题。无论是归还给政府部门还是由原项目公司继续拥有或再次招标选择项目承担人,在漫长的运营期之后,原合同中约定的事项都可能发生很大变化,使得后期处理更加复杂[101]。

PFI项目的风险来源主要来自不同阶段、不同的参与方。由于是公共项目,其中政府的政策变化,可持续发展所要求的环境保护和建设期间市场的动荡都是极其重要的风险来源,见图5.3。

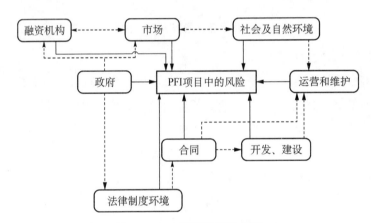

图5.3 PFI项目的风险来源

5.1.2 PFI项目风险分类

分析英国等国已实施PFI项目的进展情况,借助于他们的经验与做法,按照系统的思想,可以将PFI项目风险具体划分为宏观、中观及微观等三个层次[102,103]。

1) 宏观风险

宏观风险是指项目自身以外的外界环境产生的风险,也称为不可控风险或环境风险。宏观风险与政治法律环境、经济环境、社会环境和气候条件等紧密相连,这些风险产生于超出项目公司或项目投资人可控范围的政治、经济和自然环境中的风险事件,后果几乎覆盖了项目相关的各个方面,对项目及其产出有重大影响。宏观风险带有极大的偶然性,通常是无法准确预测的。宏观风险包括自然与环境方面的风险、政治与政策方面的风险、宏观经济方面的风险、法律方面的风险以及社会方面的风险,详见表5.1。

表 5.1 PFI 项目风险因素清单(宏观部分)

编号	分类组别	风险因素	说明
1.1	政治和政府政策	国家政权不稳定	可能导致相关法律、政策的不连续性,主要由政府承担
1.2		资产有被征用和国有化的可能	尤其对于有所有权转让的项目。这应由政府承担
1.3		缺乏透明的公共决策过程	整个过程需要透明、公正、信息沟通畅通,主要由政府承担
1.4		政治上有强大的反对势力	中国目前此类风险较小,主要由政府承担
2.1	宏观经济	缺乏完善的融资市场	融资不能按期完成甚至失败,又缺乏相应的应急计划,造成大的损失,一般由私营部门承担
2.2		通货膨胀率频繁波动	引起货币贬值进而导致项目有关人员工资和物价水平大幅度上涨,直接导致项目运营成本上升,这种风险应由参与方共同分担,但私营部门主要承担
2.3	宏观经济	利率变化频繁波动	在运营过程中由于利率的波动直接或间接地造成项目收益出现损失,一般由私营部门承担
2.4		受重大经济事件影响	这类突发事件的影响可能是巨大的,一般由私营部门承担
3.1	法律	立法发生变化	项目期限长,因此不可避免,由参与方共同承担
3.2		税务条款发生变化	与项目采用的不同建设经营方式有关,因此应由私营部门承担
3.3		行业法规发生变化	可能影响项目的管理制度,主要由私营部门承担
4.1	社会	缺乏私营部门提供公共服务的经验	经验的积累可以减少风险的发生,这应由私营部门承担
4.2		公众对项目反对的程度	考虑与环境与社会发展是否统一,应由参与方共同分担
5.1	自然环境	不可抗力	项目参与方不能预见且无法克服与避免的而使项目造成很大损坏,这应由参与方共同分担
5.2		项目的地质条件	这几项风险主要依靠准确的信息与经验进行预测,由私营部门承担较适合
5.3		项目当地的气候条件	
5.4		项目环境情况与要求	

2) 中观风险

中观风险是指项目系统界限内的风险事件和事件后果造成的风险,包括对项目的需求、项目选址、项目设计、建设和技术等与项目自身相关的各种潜在风险,详见表 5.2。

表 5.2 PFI 项目风险因素清单(中观部分)

编号	分类组别	风险因素	说明
1.1	项目的选择	土地获得与选址	对于公共项目这类风险必然应由政府主要承担
1.2		项目需求水平	能否按合同清单的需求交付项目,由私营部门承担
2.1	项目融资	融资能力	主要由私营部门承担
2.2		项目对投资人的融资吸引力	应由私营部门承担
2.3		高融资成本	应由私营部门承担
3.1	剩余风险	剩余风险	未尽事宜应由私营部门承担
4.1	设计	项目的审批与许可延误	由双方共同承担
4.2		设计缺陷	应由私营部门承担
4.3		不成熟的工程技术	这应由私营部门承担
5.1	建设施工	建设成本超支	这是有关项目的管理能力,应由私营部门承担
5.2		建设工期延误	
5.3		材料/劳动力的价格、需求与供应配套	
5.4		设计变更造成的延误	这会有甲乙双方的原因,因此应由双方共同分担,但私营部门主要承担
5.5		工程有关阶段的质量低劣	这应由私营部门承担
5.6		合同变更频繁	变更通常由甲方提出,由双方共同分担较适合
5.7		分包商或供应商破产或不履约	这应由私营部门承担
6.1	运营	运营成本超支	显然与私营部门的预测与管理密切相关,因此应由私营部门承担
6.2		营业收入低于预期值	
6.3		运营生产率低下	
6.4		维护成本高于预期值	
6.5		维护频率高于预期值	

中观风险中,非常重要的一部分是在项目融资、建设、施工和试运行各阶段,承包商由于种种原因不能在原定计划的工期内完成项目的建设,这与很多方面有关,包括投资前的项目咨询、项目选址、项目获准、项目必需的安置拆迁、土地如期获得,融资能否按计划进行,设计是否如期完成和潜在的可能缺陷,成本会否超支,承包商所做承诺的法律效力及其履行承诺的能力如何等等,这些都包含于项目能否完工风险中。不能按合同完工风险的直接影响是项目不能按预定计划投产运营,因而不能产生足够的现金流量用于支付运营费用和偿还债务,由此导致项目贷款延期偿还,利息增加,甚至项目失败等不利情况的出现。

3) 微观风险

微观风险是指由于公共和私营部门在合同管理方面所处立场的差异,在项目采购过程中各投资方之间相互发生矛盾产生的风险。这类风险往往由项目的内因引起,与中观风险不同,中观风险是与项目本身有关,而微观风险是与项目参与方有关,其中主要原因是公共部门负有社会责任而私营部门却是被利润所驱动,见表5.3。

表5.3 PFI项目风险因素清单(微观部分)

编号	分类组别	风险因素	说明
1.1	关系	组织与协调的风险	这依赖于私营部门的管理能力,因此,该风险应由私营部门承担
1.2		缺乏对于PFI/PPP的经验	应由参与方共同分担,但私营部门应主要承担
1.3		缺乏明确的相互责任的分配与风险分担的经验	应由参与方共同分担
1.4		合作伙伴之间工作方法与技术诀窍的差异	应由私营部门承担
1.5		合作伙伴之间缺少信任与承诺	显然这需由参与方共同承担
2.1	第三方	第三方民事侵权行为倾向	这应由参与方共同分担,私营部门主要承担
2.2		员工危机	员工由于项目内或外的因素发生罢工等事件,这类风险应由私营部门主要承担

在表5.1~表5.3中所列各种风险因素中,宏观层面的风险以政府部门承担为主,少部分是公私双方共同分担或以私营部门承担为主;中观层面的风险主要涉及项目各阶段的技术与管理能力,这是项目公司中标的基本能力,所以主要由私营部门承担;微观层面的风险是参与方之间关系协调等引起的风险,以私营部门承担为主,政府部门分担一小部分。

5.1.3 PFI风险辨识的方法

对PFI项目的风险辨识是按照系统的观点、思想和方法,分析工程项目涉及的各个方面和项目建设发展的各个阶段,将可能引起风险的极其复杂的事物分解成比较简单的、容易被认识的基本单元,在众多的影响中抓住主要因素,分析它们引起投入产出变化的严重程度。

风险辨识的第一步工作是运用一种或几种方法,尽可能全面地辨识出影响项目目标实现的风险事件存在的可能性,并加以恰当的分类。如上所述对PFI项目风险,从宏观、中观和微观角度分为三大类,其中已包含有系统风险和非系统风险、技术风险和非技术风险等。风险辨识的第二步工作是在风险分类的基础上,制作出风险清单。风险清单是风险辨识的主要成果,它不仅可以找出风险产生的原因,识别出关键风险事件,而且是记录和控制风险管理过程的一种方法[104]。

风险辨识的方法有多种,通常是应用风险调查法和咨询法做定性的判断。调查法和咨询法中包括:利用不同专家经验和思想火花撞击的德尔菲法和头脑风暴法,这是分析项目存在哪些风险较为有效的方法;流程图法通过分析项目进展流程中的风险因素辨识项目主要风险的范围;调研和访谈可以通过调查问卷和面谈在较大范围内了解项目各可能参与方对项目风险的认识与看法;在有较多项目实践基础上运用案例分析的方法,以同类或相似项目的经验作为基础,也是降低或规避风险的有效措施;幕景分析法可以用于辨识项目的关键风险因素及其影响程度。

对于大型项目的风险识别,仅采用一种辨识方法是远远不够的,应综合采用两种或多种风险辨识方法,才能取得较为满意的结果。不论采用何种风险识别方法组合,都应以风险调查法作为基础与补充。各种风险辨识方法的主要作用在于建立初始风险清单,而风险调查法则可能对建立最终的风险清单起十分重要的作用。

5.2 PFI项目风险评估

风险评估包括风险的估计与风险评价两部分。风险估计是对风险因素进行测量,即将风险因素的危险程度进行量化。风险评价是根据行业内公认的"安全"指标,确定风险是否需要处理和处理的程度。

5.2.1 PFI项目风险的估计

风险估计主要针对两个指标:一是风险发生的概率,采用客观概率和主观概率量化风险事件发生的可能性大小;二是估计风险一旦发生所产生的后果,判断对项目造成多大的损害,是什么样的损害,然后根据数学方法归类,求出项目目标指标在总体风险事件作用下的概率分布。

1) 风险的主观估计与客观估计

在风险事件中,概率是指风险因素发生的可能性。概率分为主观概率和客观概率。主观概率是决策者或专家对事件发生的概率做出的主观估计,根据对某事件是否会发生做出判断,用0~1之间的数来描述其发生的可能性。客观概率有两种确定方法,一种是根据大量的实践或实验并经过统计得出,另一种根据概率的古典定义将事件分成基本事件,用分析法进行计算。两种方法得出的概率都是客观存在的,称为客观概率。

用客观概率对风险进行评估是客观估计,用主观概率对风险进行评估是主观估计。但是,决策者遇到的大量风险评估问题经常是单纯依靠客观或主观估计所无法解决的,所以常常是在客观估计的基础上加入主观估计的因素,产生一种介于主观和客观之间的估计方法,成为第三种估计方法。

事件后果的估计也有主观客观之分,可以直接观测并进行直接清楚地描述的后果价值称为客观后果估计,由决策者本人的价值观和个人偏好决定的后果价值称为主观后果估计,介于两者之间的称为行为后果估计。

2) 风险的概率与概率分布

风险事件发生的概率和概率分布是风险分析的基础[105]。风险事件发生的可能性或概率可以用多种形式来表达,对可以简化为离散型数据的风险事件,可以根据事件发生的频繁程度用0~4将其分为5个等级,使用时非常方便。等级划分的描述见表5.4。

表 5.4　典型的可能性/概率指数

等级指数	可能性	可能性的描述
4	经常	很可能频繁出现,在所关注的期间多次出现(例如项目建设期、建筑物的寿命期)
3	很可能	在所关注的期间出现几次
2	偶然的	在所关注的期间偶尔出现
1	极小	不太可能但有可能在所关注的期间出现(例如在建筑物寿命期中10次有1次发生)
0	不可能	由于不可能发生所以假设它不会出现或不能出现

一般而言,风险事件的概率分布应由历史资料确定,得到可靠的概率与分布。但事实上很难得到足够的历史资料确定风险事件的概率分布,只能根据样本个数不多的小样本对风险事件发生的概率进行估计,特别是对前所未有的新项目,根本就没有可利用的数据,只能根据经验预测风险事件的概率或概率分布,经常是利用理论概率分布进行风险估计。这些概率分布包括均匀分布、三角形分布、正态分布,β 分布、二项式分布以及泊松分布等,特别是均匀分布、三角形分布及正态分布最为常用,被广泛地应用于描述风险结果及其概率值中。对于不确定性较强的风险因素可用均匀分布或均方差值较大的正态分布来描述。例如,地基条件的不确定性很大,造成的工期和成本变化可用均匀分布来描述;相对较确定的风险因素则可用三角形分布、正态分布,或离散性概率分布来描述风险结果的概率分布,例如固定资产投资额和材料价格的变化。当然选择哪一种分布取决于项目的类型、具体风险因素的性质、以往类似项目的后评估结果等,再充分利用专家的经验并结合主观判断做出创造性的设计。

3) 风险的度量

风险度量与不确定的损失程度和损失发生的概率有关,若某个可能发生的事件其可能的损失和发生的概率都很大,则其风险量就很大。风险度量可以用下列一般表达式来描述:

$$R = F(O, P) \tag{5-1}$$

式中　R——某一风险事件发生后影响项目目标的程度;
　　　O——该风险因素的所有风险后果集;
　　　P——对应于所有风险结果的概率值集。

如考虑人们对风险的态度,式(5-1)可表达为

$$R = F(O, P, L) \tag{5-2}$$

式中　L——人们对风险的态度。

最简单的 R 的函数式是采取乘法模式,计算风险损失的期望值和方差。期望值的计算是简明的,但未考虑风险结果之间的差异或离散,因此需要用方差解决度量风险结果离散程度的问题。

风险事件发生后,所造成的损失可从以下几个方面来衡量:

① 损失的性质。可能造成的损失是带来环境问题还是经济、技术方面的问题。

② 损失的大小。风险造成的损失大小或严重程度,例如带来成本或其他费用增大多少。

③ 损失影响的时间。风险的危害是当前直接的影响还是对未来有影响,例如工期的延误等。风险量一般采取专家打分法取得数据,对于客观概率也可以通过试验取证的方法获得。

风险事件对项目的影响,一般用损失金额或拖延工期来衡量,但最终都体现在投资的增加上,即用货币衡量风险的损失值,这样各个风险事件的严重程度才能互相比较。其中损失值是指项目风险导致的各种损失发生后为恢复项目正常进行所需的最大费用支出。

5.2.2 风险估计的方法

风险估计与评价的方法以定量为主,定性分析作为基础,定性与定量相结合。主要方法与工具见图 5.4。

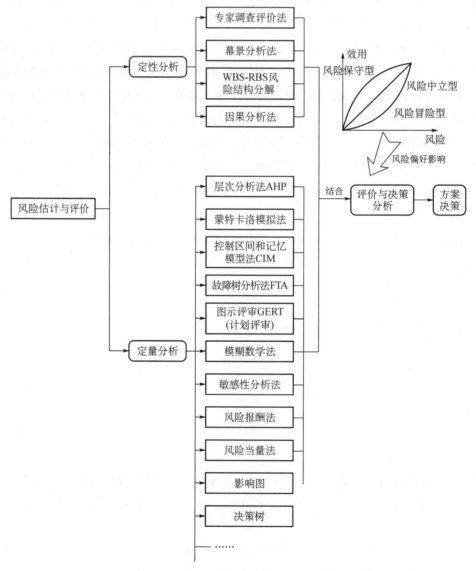

图 5.4 项目风险评估主要方法与工具

其中专家调查评价法因其简单易行成为一种最常用的风险估计方法,它的缺陷是受专家个人主观影响过大,因此通常与其他方法结合应用。层次分析法的应用是为了求得评估过程中每一个具体目标的权重大小,这是按递阶层次结构经专家判断,两两比较,先确定各元素相对上一层次各个准则的相对重要性,再综合判断确定相对总目标的各决策要素的重要性排序的方法,但多位专家之间可能发生较大的不一致性而导致结果较难处理,使得这个方法的应用须有较好的基础和条件。模糊综合评价法是模糊数学在实际工作中的一种应用方式,由于工程项目的风险本身就是模糊的,难以准确定义和度量,因此采用模糊方法对其分析评价是较为适宜的[106]。项目风险评价中所考虑的不同因素的重要性,其评级标准和自然状态都是模糊的,综合评价就是对受到多个因素影响的评价对象进行评比、判断,做出全面的评价。本书中综合运用了这几种方法进行 PFI 项目的风险综合评价。

5.2.3 PFI 项目风险的模糊综合评价

由于每一个 PFI 项目的差异性较大,有些项目的资料相当有限,需要较多运用精确数据计算的风险评价方法不甚适用。由于模糊综合评价方法对数据要求相对较低,采用模糊综合评价法建立 PFI 项目风险模糊综合评价的模型,是进行风险评价的合适方法。

1) 评价思路与步骤

采用模糊综合评价法进行风险估计与评价的基本思路是:综合考虑所有风险因素的影响程度,并设置权重区别各因素的重要程度,然后运用模糊集合变换原理构建模糊数学模型,以隶属度描述各因素及因子的模糊界限,构造模糊评判矩阵,通过多层的复合运算,推算出风险水平的各种可能性程度,其中可能性程度值高的为风险水平的最终确定值,最终确定评价对象所属等级[107,108]。模糊综合评价的具体步骤是:

① 确定评估指标集,这是整个评估的核心。
② 建立风险因素集,因素可分成若干层次,形成评估树状结构,对各层次的因素划分评估等级。
③ 对各风险因素确定其隶属函数,求得各层次单因素评判矩阵。
④ 根据各风险因素影响程度,确定各层评估指标的权重即因素的重要程度系数。
⑤ 根据隶属函数对各目标的影响因素建立模糊评估矩阵。
⑥ 运用模糊变换原理,得出评估指标的可能性数值。
⑦ 自下而上逐层推算出上一层次的评估结果。
⑧ 根据最大隶属度原则,得出最高层评估指标的最终评估结果。

2) 建立评估模型的步骤

(1) 确立评价等级评语集/评判指标因素集

设有以下两个有限论域:

$$X = \{x_1, x_2, x_3, \cdots, x_m\}$$

$$Y=\{y_1,y_2,y_3,\cdots,y_n\}$$

式中 Y——综合评估时评价等级评语所组成的集合,本书采用表 5.3.1 中对风险出现可能性的评价分级:{经常=4,可能=3,偶然的=2,极小=1,不可能=0};

X——综合评估时用于评判的各风险因素所组成的集合。

PFI 项目的风险影响因素很多,如果仅采用单级模糊综合评判,评估中权重难以恰当地分配,因素的层次难以考虑,应采用二级模糊综合评判的数学模型。选取较为突出的因素,项目极大依赖于政府所提供的政策、优惠条件变化带来的风险,以及项目融资的成本、效益,项目完工的及时与运营的收益变化或不稳定带来的风险等,构造出第一层为目标层,第二层为风险源层,第三层为风险因素层的 PFI 项目风险评估时考虑的风险因素。层次分析结构见图 5.5。

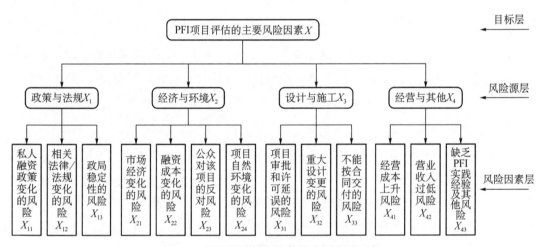

图 5.5　PFI 项目风险评估的主要风险因素

(2) 确定单因素评判模糊矩阵

用 r_{ij} 表示 x_i 在 y_j 上的隶属度(即可能性程度),得到对应于 x_i 的一行向量$(r_{i1}, r_{i2}, \cdots, r_{in})(i=1,2,\cdots,m)$,例如假设项目不能按合同交付的风险可能性为:

$\frac{0.1}{4}+\frac{0.3}{3}+\frac{0.5}{2}+\frac{0.3}{1}+\frac{0.1}{0}$,用矩阵表示即为:$(0.1,0.3,0.5,0.3,0.1)$

以这 m 个行向量组成 $m\times n$ 矩阵 $R=(r_{ij})_{m\times n}$ 即为 X 到 Y 的模糊关系矩阵,也称为单因素评判矩阵:

$$R=\begin{bmatrix} r_{11} & r_{12} & \cdots & r_{1n} \\ r_{21} & r_{22} & \cdots & r_{2n} \\ \cdots & \cdots & \cdots & \cdots \\ r_{m1} & r_{m2} & \cdots & r_{mn} \end{bmatrix}$$

隶属度 r_{ij} 的确定取决于从 X 到 Y 隶属函数的构造。目前尚没有较完美的方法来准确构造隶属函数,多数采用经验确定和专家调查法。考虑到 PFI 项目主要针对大型公共项目,运行形式以 BOT 为多,已有一定的案例与经验可以借鉴,再运用德尔菲法或专家调查打分法,结合决策者的主观判断,可构造出 PFI 项目风险评估的单因素隶属函数为

$$r_{ij} = f(u_1, u_2, u_3) = 0.3u_1 + 0.5u_2 + 0.2u_1 \tag{5-3}$$

式中　u_1——由类似或同类项目的经验估算出的可能程度值;

　　　u_2——根据德尔菲法或专家调查打分法估算出的可能程度值;

　　　u_3——根据决策者主观判断估算出的可能程度值。

(3) 确定各风险因素的权重集

确定因素的权重多数采用主观判断方法,包括头脑风暴法、会议综合法、德尔菲法、专家打分法等,近年采用层次分析法的也较多。但利用专家咨询法构造因素两两比较判断矩阵可能存在较多矛盾,造成计算结果的失真,因此应慎重选用层次分析法确定权重。用专家会议与咨询法确定权重是比较适用和有效的方法。

首先建立第二层的类权重为:

$$A = \{a_1, a_2, a_3, a_4\}, \sum_{i=1}^{4} a_i = 1$$

i 为风险源层的因素个数。

再建立每类风险的因素权重集:

$$A_i = \{a_{i1}, a_{i2}, \cdots, a_{ij}\}, \sum_{j=1}^{k} a_{ij} = 1$$

k 为风险因素层中对应于上层风险源因素的因素个数。

(4) 确立模糊综合评判模型

设一级综合评判模型为:

$$B_i = A_i \cdot R = (b_{i1}, b_{i2}, \cdots, b_{ik}) \tag{5-4}$$

式中的·表示模糊算子,即 A_i 与 R 的合成运算方式,常用的有以下三种[57]:

第一种 $M(\vee, \wedge)$ 型算子,含义是先修正各因素的单因素评价隶属度为 a_i 和 r_{ij} 中的小值,再选取 r_{ij} 中的最大值作为评价等级评语,而放弃考虑其他因素。因此这种算子被称为主因素决定性算子,其中 $\vee$ 为取大运算,$\wedge$ 为取小运算,即:

$$b_j = \bigvee_{i=1}^{m} (a_i \wedge r_{ij}) = \max\{\min(a_1, r_{1j}), \min(a_2, r_{2j}), \cdots, \min(a_m, r_{mj})\}$$
$$j = 1, 2, \cdots, n \tag{5-5}$$

第二种 $M(\cdot, \vee)$ 型算子,含义是先把单因素第 j 个评语的隶属度修正为包含权重的评语,再选取最大值为起主要作用的因素,这也是一种主因素决定型算子。$M(\cdot, \vee)$ 中"·"表示实数乘法运算。

$$b_{ij} = \bigvee_{j=1}^{m}(a_i r_{ij}) = \max\{a_1 r_{1j}, a_2 r_{2j}, \cdots, a_m r_{mj}\}$$
$$j = 1, 2, \cdots, n \tag{5-6}$$

第三种$M(\cdot, +)$型算子,理解较为简单,被称作加权平均型算子,即:

$$b_j = \sum_{j=1}^{n} a_i r_{ij}$$
$$j = 1, 2, \cdots, n \tag{5-7}$$

构建评价模型时,需根据实际情况选择算子的类型,第一种$M(\vee, \wedge)$型算子实际运用较多。在此基础上得到综合评判的模糊评价矩阵:

$$\widetilde{R} = (B_1, B_2, \cdots, B_n)^{\mathrm{T}} = \begin{bmatrix} b_{11} & b_{12} & \cdots & b_{1n} \\ b_{21} & b_{22} & \cdots & b_{2n} \\ \cdots & \cdots & \cdots & \cdots \\ b_{m1} & b_{m2} & \cdots & b_{mn} \end{bmatrix}$$

二级的综合评判模型为:

$$B = A \cdot \widetilde{R} = (b_1, b_2, \cdots, b_n) \tag{5-8}$$

B表示对应于评价结果评语集的隶属度,若$\sum_{i=1}^{n} B_i \neq 1$,须将其作归一化处理。

3）评判指标的处理

评判指标的处理可采用最大隶属度法、模糊分布法和加权平均法[109]。

① 最大隶属度法。以评判指标集B中的$\max\{b_1, b_2, \cdots, b_n\}$对应的评价等级作为评价结果,得出风险发生可能性极大、很大等结论。

② 模糊分布法。这是在对评判集B做了归一化处理后,以B中各指标的值反映评判对象在所评判的特性方面的分布状态,是一种较全面的状态描述方法,不能得出单一的结论。

③ 加权平均法。这种方法综合考虑了评判集中所有指标的贡献,并对各评价等级给出相应的权重向量$C, C = (c_1, c_2, \cdots, c_n)^{\mathrm{T}}$,则项目的最终评价为$S = B \times C$,由$S$值的大小分析得出项目风险大小的结论[64]。

虽然采用最大隶属度法未考虑被舍去的其他指标所反映的信息,使评判结果不够全面,但方法简便清晰,一般评价时多采用此法。

4）风险指标的计算

应用模糊综合评价模型对PFI项目的风险因素可得出目标层各因素出现风险的可能性大小,对整个项目的经济风险可通过期望经济净现值、风险率、风险度和风险益损比等指标进行评价[64]。在有关指标计算出来后,即可以分析出该方案投资可能遇到的风险程度,以此作为投资决策的参考。

(1) 期望风险净现值 $E(\mathrm{NPV})$[110]

$$E(\mathrm{NPV}) = \frac{\sum_{i=1}^{n} x_i \mu_A(x_i) p(x_i)}{P(A)} \tag{5-9}$$

或

$$E(\mathrm{NPV}) = \frac{\int_U x \mu_A(x) \mathrm{d}p}{\int_U \mu_A(x) \mathrm{d}p} = \frac{\int_U x \mu_A(x) \mathrm{d}p}{P(A)} \tag{5-10}$$

式中：$x_i = \mathrm{NPV}^{(i)}$，为项目可能出现的 i 状态风险时的净现值；P_i 为项目出现 i 状态的模糊概率；

$$P(A) = \sum_{x_i \in A} \mu_A(x_i) p(x_i) \tag{5-11}$$

或

$$P(A) = \int_U \mu_A(x) \mathrm{d}p = E[\mu_A(x)] \tag{5-12}$$

其中：U 为模糊子集；A 为项目出现各种风险状态的可能域；$\mu_A(x_i)$ 为风险状态 A 的隶属函数；$p(x_i)$ 为风险状态 x_i 对应的概率。

(2) 风险率 FP

根据项目风险的性质，风险率有两种确定方法：

如果风险为损失事件（如自然灾害），则事件 A 的风险率就等同于其模糊概率，即

$$FP = P(A) \tag{5-13}$$

如果风险为"获益事件"（如交通流量），则事件 A 的风险率计算式为

$$FP = 1 - P(A) \tag{5-14}$$

(3) 风险度 FD

$$FD = \frac{\sigma}{E(x)} \tag{5-15}$$

$$\sigma = \sqrt{D(x)} = \sqrt{[x_i - E(x_i)]^2 \times p(x_i)} \tag{5-16}$$

$$E(x) = \sum_{x_i \in A} x_i p(x_i) \tag{5-17-1}$$

或

$$E(x) = \int_A x f(x) \mathrm{d}x \tag{5-17-2}$$

(4) 风险益损比 B/F

$$B/F = 风险收益/风险损失$$

风险收益代表投资方案的可能盈利值,定义为期望净现值乘以投资成功概率;风险损失表示某个风险投资方案的可能损失值,定义为投资乘以失败概率,即:(1－成功概率)×投资。

5) 计算示例

假设某PFI项目已完成了风险辨识,设影响项目的风险因素集为 X,评价等级集为 Y,算例的风险因素清单见表5.5。

表 5.5 PFI 项目算例风险因素清单

X_{ij}	$j=1$	$j=2$	$j=3$	$j=4$
$i=1$ 政策与法规	私人融资政策的变化	相关法律法规的变化	政府的稳定	
$i=2$ 经济与环境	市场经济的变化	融资成本的变化	公众反对该项目的程度	自然环境和气候的变化
$i=3$ 设计与施工	项目审批与许可延误	重大的设计变更	不能按合同交付项目	
$i=4$ 经营维护	经营维护成本的上升	营业收入低于预计值	缺乏PFI实践经验	

$$X = \{x_1, x_2, x_3, x_4\}$$
$$Y = \{4, 3, 2, 1, 0\} = \{经常, 可能, 偶尔, 极小, 不可能\}$$
$$x_1 = \{x_{11}, x_{12}, x_{13}\}, x_2 = \{x_{21}, x_{22}, x_{23}, x_{24}\}, x_3 = \{x_{31}, x_{32}, x_{33}\}, x_4 = \{x_{41}, x_{42}, x_{43}\}$$

设由经验和专家咨询确定出隶属度矩阵和风险源层因素的权重如下:

$$R = \begin{bmatrix} 0.4 & 0.6 & 0.3 & 0.1 & 0.1 \\ 0.5 & 0.7 & 0.3 & 0.1 & 0.1 \\ 0.2 & 0.2 & 0.4 & 0.7 & 0.3 \\ 0.4 & 0.6 & 0.2 & 0.1 & 0.1 \\ 0.5 & 0.6 & 0.3 & 0.2 & 0.1 \\ 0.2 & 0.2 & 0.6 & 0.7 & 0.3 \\ 0.5 & 0.5 & 0.3 & 0.2 & 0.2 \\ 0.1 & 0.3 & 0.5 & 0.4 & 0.2 \\ 0.4 & 0.6 & 0.3 & 0.2 & 0.1 \\ 0.3 & 0.4 & 0.3 & 0.2 & 0.2 \\ 0.3 & 0.5 & 0.3 & 0.2 & 0.1 \\ 0.2 & 0.4 & 0.3 & 0.2 & 0.1 \\ 0.5 & 0.5 & 0.2 & 0.1 & 0.1 \end{bmatrix} = \begin{bmatrix} R_1 \\ R_2 \\ R_3 \\ R_4 \end{bmatrix}$$

$$A = \{0.35, 0.15, 0.25, 0.25\}$$

风险因素层的权重为:

$$A_1 = \{0.4, 0.4, 0.2\}$$
$$A_2 = \{0.3, 0.4, 0.1, 0.2\}$$
$$A_3 = \{0.2, 0.4, 0.4\}$$
$$A_4 = \{0.3, 0.3, 0.4\}$$

综合评价合成算子选择 $M(\vee, \wedge)$ 型。

$$B_1 = A_1 \cdot R_1 = (0.4 \quad 0.4 \quad 0.2) \cdot \begin{bmatrix} 0.4 & 0.6 & 0.3 & 0.1 & 0.1 \\ 0.5 & 0.7 & 0.3 & 0.1 & 0.1 \\ 0.2 & 0.2 & 0.4 & 0.7 & 0.3 \end{bmatrix}$$

$$\begin{aligned}
b_{11} &= (a_{11} \cap r_{11}) \cup (a_{12} \cap r_{21}) \cup (a_{13} \cap r_{31}) \\
&= (0.4 \cap 0.4) \cup (0.4 \cap 0.5) \cup (0.2 \cap 0.2) \\
&= 0.4 \cup 0.4 \cup 0.2 \\
&= 0.4
\end{aligned}$$

$$b_{12} = 0.4, b_{13} = 0.3, b_{14} = 0.2, b_{15} = 0.2$$

$$B_2 = A_2 \cdot R_2 = (0.3 \quad 0.4 \quad 0.1 \quad 0.2) \cdot \begin{bmatrix} 0.4 & 0.6 & 0.2 & 0.1 & 0.1 \\ 0.5 & 0.6 & 0.3 & 0.2 & 0.1 \\ 0.2 & 0.2 & 0.6 & 0.7 & 0.3 \\ 0.5 & 0.5 & 0.3 & 0.2 & 0.2 \end{bmatrix}$$

$$b_{21} = 0.4, b_{22} = 0.4, b_{23} = 0.3, b_{24} = 0.2, b_{25} = 0.2$$

$$B_3 = A_3 \cdot R_3 = (0.2 \quad 0.4 \quad 0.4) \cdot \begin{bmatrix} 0.1 & 0.3 & 0.5 & 0.4 & 0.2 \\ 0.4 & 0.6 & 0.3 & 0.2 & 0.1 \\ 0.3 & 0.4 & 0.3 & 0.2 & 0.2 \end{bmatrix}$$

$$b_{31} = 0.4, b_{32} = 0.4, b_{33} = 0.3, b_{34} = 0.2, b_{35} = 0.2$$

$$B_4 = A_4 \cdot R_4 = (0.3 \quad 0.3 \quad 0.4) \cdot \begin{bmatrix} 0.3 & 0.5 & 0.3 & 0.2 & 0.1 \\ 0.2 & 0.4 & 0.4 & 0.2 & 0.1 \\ 0.5 & 0.5 & 0.2 & 0.1 & 0.1 \end{bmatrix}$$

$$b_{41} = 0.4, b_{42} = 0.4, b_{43} = 0.3, b_{44} = 0.2, b_{45} = 0.1$$

因此,

$$\widetilde{R} = (B_1 \quad B_2 \quad B_3 \quad B_4 \quad B_5)^{\mathrm{T}} = \begin{bmatrix} 0.4 & 0.4 & 0.3 & 0.2 & 0.2 \\ 0.4 & 0.4 & 0.3 & 0.2 & 0.2 \\ 0.4 & 0.4 & 0.3 & 0.2 & 0.2 \\ 0.4 & 0.4 & 0.3 & 0.2 & 0.1 \end{bmatrix}$$

$$B = A \cdot \tilde{R} = (0.35 \quad 0.15 \quad 0.25 \quad 0.25) \cdot \begin{bmatrix} 0.3 & 0.4 & 0.3 & 0.1 & 0.1 \\ 0.3 & 0.4 & 0.2 & 0.1 & 0.1 \\ 0.4 & 0.4 & 0.3 & 0.2 & 0.2 \\ 0.4 & 0.4 & 0.3 & 0.2 & 0.1 \end{bmatrix}$$

$$= (0.3 \quad 0.35 \quad 0.3 \quad 0.2 \quad 0.2)$$

进行归一化处理后得到：$B' = (0.22 \quad 0.26 \quad 0.22 \quad 0.15 \quad 0.15)$，

根据最大隶属度原则得到：$B_{\max} = 0.26$，

通过以上计算和假设可知，该算例项目的风险发生程度为可能。

5.3 PFI 项目风险控制与管理

在对项目风险做出辨识与评估后，重要的是如何针对风险，加强风险控制与管理。风险控制与管理包括风险回避、风险分担、风险预防和风险减少等，针对经评估可以立项并实施的项目，把风险可能带来的危害与损失降至最低。

对各个风险事件制订各种对策，可以采取与项目的网络进度图相结合的方法，形成风险对策图，该风险对策图可对应于不同层次网络计划（总网络计划图、全寿命期内各主要阶段网络计划图、设计阶段/施工阶段/运营阶段网络计划图等）的制订[111]。

制订了风险控制措施，并且将其作为评价的基础条件，才能使得评价以及决策是有实际意义的。进一步，执行已有的风险控制措施，即是进行有效的风险管理，可将项目可能的损失降到最少。

5.3.1 PFI 项目的风险回避、预防与减少

1）风险回避

风险回避是以一定的方式隔断风险源，使其不发生或不再发展，从而避免可能产生的潜在损失。例如终止合同、采取保守的施工方案、选择其他设备或材料、（涉外工程中）结算货币用硬通货等。

在对 PFI 项目进行了风险分析和评估后，当结论是项目风险发生的概率很高，而且可能造成的损失也很大，其他的风险对策不能十分有效地降低该风险，或降低该风险的成本过高，那么应采取放弃项目或改变项目目标的方法。例如，某建设项目的可行性研究报告中，虽然从净现值、内部收益率指标看是可行的，但敏感性分析的结论是项目净收益对投资额、材料价格、经营成本均很敏感，进一步的评估表明该建设项目的不确定性很大，亦即风险很大，因而决定不投资建设该项目。

在采用风险回避对策时需注意，回避一种风险可能产生另一种新的风险；其次，回避风险的同时也失去了从风险中获益的可能性；再次，有些项目回避风险可能不实际或不可能。

虽然风险回避是一种必要的,有时甚至是最佳的风险对策,但是风险回避是一种消极的风险对策。

2) 风险预防与减少

风险预防与减少即是在项目策划时即制订出风险预防的措施,在项目全寿命周期内各个阶段,实施预定的防范措施,以减少损失发生的可能性及其大小。风险是否要采取预防措施涉及的是现时成本与潜在成本比较的问题:若潜在损失远大于采取预防措施所支出的成本,那么采取预防措施就是必要的。

PFI项目一般都是大型甚至是超大型公共项目,一旦风险发生不能有及时的应对措施,影响及损失都是巨大的。风险预防计划中针对一些会影响到项目成败的大风险,例如政府关于私人融资政策发生重大变化造成项目资产公有化带来的风险,这类风险发生的概率小,但是一旦发生影响很大,因此应当设立特别响应方案,根据假设可能发生的风险情形,有针对性地制订出减少和化解的措施,把可能发生的损失降到最低。

一般来说,风险评估结果为损失大、概率大的灾难性的风险要采取风险回避的方式中断风险源;评估结果为损失小、概率大的风险,可采取预防措施来降低风险量,即风险控制;对损失大、概率小的风险,可通过保险或合同文件及信用担保的方式进行风险转移;对损失小、概率小的风险,可采取风险自留的方法来积极控制[112]。

5.3.2 PFI项目的风险分担与监控

公共与私营部门合理分担或共同承担风险,是PFI项目成功的关键,也是风险对策中最常用最有效的方法。在英国、加拿大、日本等地区已有十多年的PFI项目实践,以下参考海外PFI项目和海内外BOT项目的经验与文献[14,113],分析公共与私营部门如何分担或共同承担风险。

1) PFI项目风险分担的形式

风险分担的形式包括风险自留和风险转移两种。

① 风险自留,顾名思义,是将风险留给自己承担,是从项目内部财务的角度应对风险。对于期望损失值少于保费或保险公司不予承保的,以及一些概率小、损失值小并且自己能够控制的风险事件,通过预留不可预见费(也叫或有费用)的主动预防措施自留风险,也可以通过接受预期利润率低的方式被动地风险自留。

② 风险转移是项目管理中非常重要而且广泛应用的一种对策,分为保险转移和非保险转移两种形式。目前我国的工程保险机制尚不完善,目前已设立有建筑工程一切险、安装工程一切险和职业责任险[64],但主要适用于项目的建设施工阶段。对那些不可回避、不能有效监控又不能通过保险方式转移的其余风险,只能通过各种项目文件和信用担保协议,力争在项目各参与方之间得到合理的分担[114]。在对风险进行分担时,应尽量遵循风险分担的基本原则。

2) PFI项目风险分担的原则

私人主动融资的核心要素之一就是依据"由最有能力承担/最适合承担的部门分担相应风

险"的原则[115]，把项目中原由政府部门承担不合适的风险尽可能多地转移到私营部门，减轻政府的负担，这样可以使风险成本降至最低，同时使风险受益最大化。风险分担的具体原则为：

① 风险的分配应有利于降低工程总成本，有利于合同的履行。

② 谁能更有效地防止和控制某种风险或减少该风险引起的损失，就由谁来承担该风险。

③ 风险分配应使控制与减低风险的相对成本更低。

④ 风险分配应有助于调动风险承担方的积极性，即风险承担方应享有相应的风险收益。

3）由公共部门分担的风险

公共部门分担的主要是与政府或政策有关的风险。

① 项目运营期间资产被政府征为国有化的风险。由于我国尚未建立直接针对PFI和BOT的法律、法规，对私营部门而言，资产国有化的风险应由公共部门承担。

② 缺乏快速、完善的政府决策过程而造成项目严重失误或拖沓的风险。PFI项目大多是大型、复杂的公共项目，从立项开始就有诸多重要、繁琐的手续和需要决策的过程，前期决策的风险对整个项目的成功与否很可能是致命的。

③ 由于项目可能存在政治上的反对而对项目产生某些风险。

④ 政府政权不稳定产生的风险。

⑤ 项目地点的选择、项目完成时所需达到的目标和要求设置是否满足公共服务的需求产生的风险。例如医院的地理位置与床位数量、公路的线路走向与交通流量等，也都应由公共部门确定且与项目的成功关系密切。

⑥ 公共部门未来服务需求变化产生的风险。这可能会关系到PFI模式是延续，还是返回到传统模式，这种风险发生的概率很小，但带来的影响是巨大的。例如由PFI模式建设运营的学校由于环境需求或其他因素发生改变，是由政府补贴继续以PFI合同中约定的私营方式运营，还是终止合同返回传统方式的国立学校，由此产生的风险亦是由公共部门承担的。

4）由私营部门分担的风险

PFI模式的特点决定了许多在传统的公共项目营造模式中由公共部门承担的项目风险大部分转移给私营部门，这在英国学者Li Bing等人2004年发表的关于PFI项目风险分担的问卷调查[69]中也得到了证实。例如与项目有关的各种成本（融资成本、建设成本、运营成本、维护成本）过高、项目寿命期内利率上浮、项目不能按合同交付（设计缺陷、工期延误、质量不符合要求）、地质条件发生变化、项目的组织与协调出现重大问题、建设期间分包商或供货商破产、缺乏提供公共服务的经验、采用不同的技术方案及工作方法带来的效益不同、运营生产率低下等问题产生的风险，均由私营部门承担。

5）由双方共同承担的风险

有一些风险由单独某一方承担并不合适，由双方共同分担更为适宜，这类风险包括不可抗力(哪些风险属于不可抗力,须由双方共同严格地界定)、立法及税法的变更等,关于通货膨胀引起项目成本上升的风险,由哪一方承担,一般是具体项目具体讨论。

6) PFI项目的风险监控

在经过风险辨识与评估后,对各个风险事件制订各种响应,可以采取与项目的网络进度图相结合的方法,形成风险响应图,该风险响应图对应的阶段或工序不必太细,还可对应于不同层次的网络计划(总网络计划图、全寿命期内各主要阶段网络计划图、设计阶段/施工阶段/运营阶段网络计划图等)。然后根据工程项目自身的特点,从系统的观点出发,分析各个风险事件和响应之间的联系,制订出风险管理计划。在项目负责人的领导下,由专职的或兼职的风险管理部门实施风险管理计划。风险管理是一个过程,随着工程项目的进展,各种风险事件在发生或消除,各种响应措施也被采用或解除。风险管理人员将不定期或定期根据最新的情况进行风险分析,确定新的风险事件和响应措施,并分析评价前风险管理的成败,据此不断检查、更新、调整风险管理计划,达到风险监控的目的。

5.3.3 某美术馆新馆项目风险分担事例

某美术馆新馆建设项目是自2000年7月起经过一年的时间严格依照程序,确定采用PFI模式建设经营的,在双方协议签订中对项目不同阶段中可能发生的风险进行了如表5.6所示的分担。在所列51种风险中9种风险由当地政府承担,28种风险由私营部门(项目承担人)承担,11种风险由双方共同承担,2种风险视具体情况而定。说明大部分的风险转移给了私营部门,政府只承担与其工作有关联的部分,极大减轻了政府的压力。

表5.6 某美术馆新馆建设项目风险分担

	风险的种类		承担方		备注
			县政府	项目承担人	
共有	招标说明书风险		●		
	签订合约风险		●	●	注1
	与制度关联的风险	政治风险	●		
		法律制度及许可风险	●	●	
		许可授予延迟风险	●	●	
		税制风险	●	●	
	社会风险	所在地居民反对风险	●	●	
		环境问题风险		●	
		第三方赔偿风险		●	
	价值工程(VE)引起的风险			●	
	项目延期和终止风险	项目承担人责任风险		●	
		公共部门的责任风险	●		
	不可抗力风险(战争、自然灾害等)		●	★	注2

续表 5.6

风险的种类			承担方		备注
			县政府	项目承担人	
计划、设计阶段	计划、设计风险	招标人责任风险		●	
		测量与调查风险	●	●	
		设计风险	●		
		投标风险		●	
		资金筹集风险		●	
建设阶段	建设风险	获取用地风险	●		
		工程延迟风险		●	
		施工监理风险		●	
		工程费用超支风险	●	●	
		性能风险		●	
		设施损伤风险		●	
		物价风险		●	
		利率风险		●	
		下水道整修风险	●		
运营管理阶段		所提供服务的报酬延迟及无能力支付风险	●		
	维护管理	计划变更风险	●		
		性能风险		●	
		设施缺陷风险		●	
		维护管理成本风险	●	●	
		设施损伤风险		●	
		备用件更新不可用风险		●	
		修缮费增大风险		●	
		物价风险			注3
		利率风险			注3
	与美术馆有关风险	馆际间藏品搬迁风险		●	
		违反入馆限制造成破坏风险		●	
		美术馆设施风险	●		
		门票费遗失或管理不善风险		●	
		展览及展品风险	●		注4
		馆藏品风险		●	
		图书阅览风险		●	
		附加设施风险		●	
		餐厅经营风险		●	
		美术馆商店经营风险		●	
		停车场运营风险		●	
	美术情报系统风险	情报系统建立、维护风险		●	
		更新风险	●		
移交阶段		设施移交手续风险		●	

图例:●主要承担者,★次要承担者

注:1. 合约签订双方依照发生缘由分别分担各自部分。
 2. 对于不可抗力风险,当地政府是风险主要承担者,但提供服务的项目人并不免除责任,两者责任的具体划分需按条文规定的范围。
 3. 维护管理中的物价与利率风险,需视提供服务的报酬支付方法决定,支付方法见招标文件。
 4. 展览会准备及后撤中发生的美术作品的被盗、破损风险由当地政府承担。

6 台湾南北高速铁路项目应用 PFI 模式实践分析

台湾南北高速铁路是运用 PFI 模式建设的大型公共项目。本章对该案例进行分析,对项目实施中出现的一些问题进行探讨。

6.1 台湾南北高速铁路项目背景

台湾高铁是台湾南北高速铁路工程的简称,该项目是台湾重大公共工程建设计划之一。由于在台湾西部走廊的城际运输市场已呈现出饱和、拥挤、服务水准降低之状态,而时速超过 300 公里,让台湾西部走廊能成为"一日生活圈"的高速铁路具备"安全、容量大、用地少、能源省、污染低"等多种优势,兴建南北高铁不仅可以有效解决台湾西部走廊拥塞问题,而且可以促进区域均衡发展、落实大众运输整合的战略,过去由于建设所需经费庞大,使该项工程项目迟迟没有开工。延至 1987 年台湾当局"行政院"指示"交通部"办理《台湾西部走廊高速铁路可行性研究》,经"行政院"第 2 176 次院会审议通过,于 1990 年 7 月正式成立"'交通部'高速铁路工程筹备处"专责办理规划与执行有关高速铁路建设事宜,并于 1994 年 7 月经"行政院"院会列为十二项建设之一,正名为"建设南北高速铁路"计划,为政府现阶段最优先推动的公共建设之一。经"行政院"核定后于 1997 年 1 月成立了"'交通部'高速铁路工程局",并于 1998 年以经营特许权与铁路站区土地开发权换取了民间出资兴建这条高速铁路。该项目招标后由台湾的五家财团联合得标兴建。

台湾高铁计划是目前台湾第一个、也是全世界最大规模,采取 BOT 模式(兴建、营运、转移)的交通基础公共工程。该项目由政府交由民间投资兴建与营运,并于特许营运期满后,再将高铁系统移交给政府。台湾高铁系统计划路线全长约 345 公里,沿途经过 14 个县(市)、77 市乡镇区,设置 12 个车站,除台北、台中(乌日)、高雄(左营)三站位于都会区,其余各站均位于都市之外地区,用地面积超过 2 000 公顷,极具开发潜力。高铁建设总成本估计为 150 亿美元,已于 2007 年 1 月底开始通车营运。1997 年 9 月,在高铁工程招标过程中,"台湾高铁联盟"与"中华高铁联盟"展开竞争。最后,"台湾高铁联盟"在激烈竞争中胜出,年底与台湾当局完成议约,并于 1998 年正式改制成立台湾高速铁路公司,同年 7 月,台湾"交通部"与台湾高铁公司签订"台湾南北高速铁路兴建营运合约"(台湾地区习惯用合约一词,而不是内地惯常用的合同。在讨论本案例时,沿用合约的说法),特许兴建期及特许营运期合计35年,另附属事业经营权及车站用地开发经营权的特许其间与兴建营运特许期间相同,而"台湾南北高速铁路站开发合约"则是明确项目发展用地开发经营权特许期间为自用地交付之日起50年。1999年3月,举行了动工典礼,2000年开始动工兴建[116,117]。2006年10月5日台湾高铁700T型列车首度抵达高铁台北站,启动了高铁板桥站至台北站的核心系统的整合测试,2007年1月5日正式试运营,试运营首日完成了时速300公里19班次快速往返台湾南北的任务,标志着台湾从此迈入高速铁路时代。

6.2 高铁项目承担人的遴选

1995年3月,台湾当局发布了"高铁计划民间投资初步咨询备忘录",5月,"立法院"审议通过了"'中央政府'兴建重大交通建设计划第三期工程特别预算案",并附带决议"高铁民间投资方案之民间投资额度不得低于40%",正式确定了高铁建设采用民间投资方式推动。

1996年10月发布公告"征求民间机构参与兴建暨营运台湾南北高速铁路申请须知"。

1997年1月台湾"交通部"筹组该项目的甄审委员会,甄审委员会依前述法规规定,由"交通部"部长担任召集人,聘请经济建设会、"台湾省政府"、台北市政府、高雄市政府及"交通部"副部长担任甄审委员,以借助政府部门的市政经验与协调能力,另外遴聘了五位台湾省内大型企业集团负责人担任甄审委员,以借助其投资与企业管理的经验,还遴聘了学者专家及相关政府官员组成技术评审委员会,就工程兴建、营运技术以及财务、法律等问题提供专业意见,供甄审委员会参考。

同时,中华高铁联盟与台湾高速铁路企业联盟两家提送了申请书,当局公告了高铁项目最佳申请方案评判方法及评审时程(第一阶段)。

1997年2月完成了申请人的资格审查,两家申请人均获选为合格申请人。

1997年3月两家合格申请人被安排前往高铁全线路线及基地位置现勘,当局陆续召开七次说明会,向合格申请人提报高铁运量营业收入预测研究结果、费率订定模式、路线结构详细设计文件、南港专案等相关工程介绍与工期、站区开发效益等信息。

1997年4~6月进行了民间投资相关议题的协商讨论。

1997年7月发布"征求民间机构参与兴建暨营运台湾南北高速铁路"补充资料,供合格申请人研究提交投资计划书。

1997年8月发布公告"台湾南北高速铁路最优申请方案评判方法及评审时程"(第二阶段);两家合格申请人提交了投资计划书。

1997年9月甄审委员会完成评判,评定台湾高速铁路企业联盟为该项目最优申请人,中华高铁联盟为次优申请人;甄审委员会的评审办法依据是"奖励民间参与交通建设条例"第37条"'交通部'民间投资交通建设案件甄审委员会组织及评审办法"。

1997年9月"交通部"高速铁路工程局依甄审委员会之授权,与台湾高速铁路企业联盟开始议约。

1997年12月双方议定"兴建营运合约"及"站区开发合约"草案,并经甄审委员会审查同意。

1998年2月"行政院"核定"兴建营运合约"及"站区开发合约"草案。

1998年5月台湾高速铁路股份有限公司完成公司设立登记,获"经济部"核发公司执照;台湾高速铁路公司声明依法全部承担"台湾高速铁路企业联盟"之相关权利义务。

1998年7月"交通部"与台湾高速铁路股份有限公司正式签订"兴建营运合约"及"站区开发合约"。

至此,台湾高铁项目承担人的遴选与签约工作完成,两大申请人情况为:台湾高速铁路企业联盟是由殷琪(大陆工程集团负责人)主导,大陆工程、长荣集团长鸿建设、太平洋电线电缆、富邦产物保险与东元电机五大财团为主要股东,欧铁联盟加盟组建,中华高铁联盟是由刘泰英(前国民党党营事业管理委员会负责人)主导的中华开发信托公司等数家公司为主要股东,日本高铁联盟加盟组建的,具体组成见表6.1。在高铁工程招标过程中,"台湾高铁联盟"与"中华高铁联盟"展开了激烈的竞争,最后,"台湾高铁联盟"以"台当局零出资"并回馈当局1 000多亿新台币的股东权益的优势胜出,年底与台湾当局完成议约,并于1998年正式改制成立台湾高速铁路公司,殷琪出任董事长。

表6.1 台湾高铁两大申请人组成成员

	金融保险	机电工程	场站开发	土建工程	材料业	营运维修
中华高铁联盟	中华开发信托 国泰人寿 三商人寿 台新银行	日本高铁联盟 士林电机 神通计算机 开立工程	宏国集团 远东集团 东帝士 广三集团 国泰建设	荣工处 中华工程 达欣工程	华新丽华 华荣电机 桂宏钢铁 幸福水泥	中钢集团 远东集团
台湾高铁联盟	富邦集团	太电 东元电机 德商西门子 法商杰卡斯东集团 富邦集团	内地工程		长荣航空 欧铁联盟	

从项目承担人的确定过程中可见,程序是完整且详尽的,但已有资料中均未见有对两大申请人方案的资金价值(VFM)的评估,甄审委员会单以"政府零出资"为决标的主要考虑因素,议约阶段融资机构代表又缺席,这些都为引爆融资危机埋下了隐患。

6.3 高铁项目的筹资、合同与技术问题

6.3.1 项目筹资

根据兴建营运合约内容,高速铁路工程的投资巨大,计划总建设经费达5 133亿元新台

币,其中台当局方面负责的经费为1 057亿元,从政府编列的预算经费中支出(主要为规划设计、购地拆迁与相关配套工程等),高铁公司负责的经费为4 076亿元(包括财务成本817亿元与建设工程经费3 259亿元),高铁公司承诺,提供自有资金813亿元,其余为专案融资,详见图6.1。然而,在兴建过程中,高铁公司不仅资本额不足,而且投资经费不足,不得不通过发行特别股等方式追加投资,具体的资金筹措办理情形是如下:

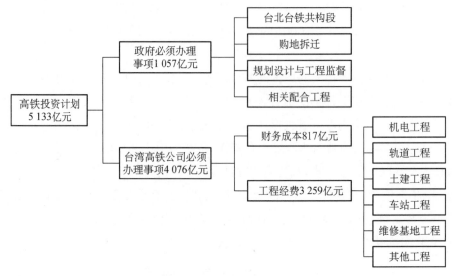

图6.1 台湾高铁投资计划分解

(1) 股本募集部分,台湾高铁公司自1998年5月以125亿元完成公司设立登记起,迄2004年9月底止,已办理13次增资,实收资本额约为902.06亿元,其中包括普通股股本499.99亿元、特别股股本402.074亿元。

(2) 债权融资部分,台湾高铁公司已于2000年2月与包括交通银行、台湾银行、中国商银等25家联贷银行团签订授信总额新台币3 233亿元(扣除高铁兴建营运合约之履约保证金150亿元,则融资额度为3 083亿元)的高铁计划联合授信契约。

引起纷争的是外界认为,高铁公司的五大股东及其下属关系企业的总投资还不足300亿元新台币,持股比例只有30.9%;原来承诺合作的外商投资迟迟不到位;专案融资也遇到困难,由台当局出面作全责担保才获得部分贷款。由于资金缺口很大,台当局在与高铁公司的合约中又签有明确的一旦项目失败政府必须强制收购的条款①,使得政府出面主导了一些公营公司和银行参与高铁增资认股,份额超出了台湾当局关于民间参与资本的法律规定②,引起在野党和民众的质疑。表6.2中是台湾中央大学营造管理研究所对台湾高铁项目做的分析[118]。

---

① 奖励民间参与交通建设条例。
② 第4条:本条例所称民间机构,系指依公司法设立之公司;汽油政府或公营事业机构投资者,其直接投资间接投资合计不得高于该公司资本总额20%。

表 6.2 台湾高铁投资计划的主要争议

版本		台湾高铁公司版		在野立院党团版	
政府投资之特别股	官股银行	台银、土银合作金库	60 亿元	官股过半银行	
				台银、土银、合作金库	60 亿元
				官方董事超过 1/2 银行	华南、交通、第一、中国商银、台湾中小企业银行	95 亿元
		中央信托局	5 亿元	中央信托局	5 亿元
	加总	合计	65 亿元	合计	160 亿元
政府原始股东	原始股本	行政院开发基金、台糖	80 亿元	行政院开发基金、台糖	80 亿元
官股增资后总金额		145 亿元		240 亿元	
官股增资后总持股比例		18.9%		31.2%	

从表 6.2 中可以看出,至 2006 年秋的信息[119],高铁项目的工程成本与延后通车成本将再增加 365 亿元(其中通车延后成本 193 亿元),加上要通过发行普通股来增加资本额 230 亿元,未来资金缺口仍将达 680 亿元。资金问题成为高铁项目的重大风险之一,项目的停滞和失败,都将由政府部门出面全体纳税人共同承担巨额损失,私营部门不仅承担的风险很小,而且还从承包工程中获得了巨大的利润。

6.3.2 项目的技术问题

台湾高铁联盟在投标初期与欧洲企业组成了"欧洲高铁联盟",聘请了欧洲专家,投标方案中采用了一系列欧洲技术,在土木与机电等设计方面也采用了欧洲的系统与风格,并以此与台湾当局签订了其优先申请人资格的协约。然而在高铁决标时,台湾高铁公司撕毁了与欧洲企业签订的合约,改为与日本企业合作。日本企业联合得到了台湾高铁列车车厢、电气、信号系统等价值 950 亿台币的核心系统订单,然后又陆续取得了 590 亿台币的轨道铺设工程,但是同时台湾高铁还采用了欧洲式的信号系统和"单线双方向行驶"控制装置,切换线路的转换器和站内轨道也是由德国制造。对此,"欧洲高铁联盟"提请国际商务仲裁,经高铁与欧铁联盟议定和解,台湾高铁同意支付 6 500 万美元(21 亿元新台币)给欧铁联盟,较商务仲裁判赔金额及利息总计达 8 900 万美元,减少了新台币约 8 亿元。但该和解价仍然创下了台湾工程界的纪录,双方历经三年多的仲裁争议也终于落幕。这场变更不仅使台湾高铁公司赔出巨款,也因片面地将原为欧洲系统的机电系统改为日本系统,形成所谓"欧日混血"。两种系统互不兼容与冲突的问题多达 26 项,至今仍未解决,不仅增加了高铁工程的成本,而且工程不得不一再延后。更为重要的是,欧洲方面和日本方面均提出不对运行中出现的问题负责,这样高速铁路的运营潜伏着很大的风险。

6.3.3 高铁项目的合同问题

台湾高速铁路股份有限公司与"交通部"签订了营运合约、站区开发合约、政府应办事项备忘录及合约执行备忘录。但这些合同中并没有明确双方的风险如何分担,对可能出现的资金欠缺的解决、欧日技术不兼容等都无详尽的分析,更没有设立相应的对策条款,在项目兴建过程中暴露出致命的问题。对于私营部门投资参与公共项目兴建营运而言,合约是项目发生问题时的法律依据,也是项目成功的重要关键因素,而合同的签订应以风险评估为基础,财务分析评估为核心。这种评估应是公私双方的,私营部门应对欲投标的项目作不同层次的财务与风险分析,尤其是融资计划实施中可能发生的问题;政府部门应审核投标人的财务计划和风险分析报告,不仅仅以最低标为中标的主要的条件。而台湾高铁 BOT 招标计划中恰恰缺少对财务计划和融资计划的评估[120],签订合约的双方责任、义务不明确、风险夹杂不清,造成银行不愿贷款。

合同过于简疏也是项目的隐患之一。国际上类似的 30 亿美元以上规模的 BOT 项目,"合约最少是 2 英尺高"[107],其中应载明各方应承担的风险与义务。而台湾高铁项目投资超过 150 亿美元,如此大规模的项目兴建合约,却只有 50 页左右,对于风险分担这一重要议题,合约中只有不到一页半的文字,可见合约过于草率粗糙。

台湾高铁项目已进入试营运阶段,但上述问题并未得到解决,由于还涉及台湾当局的政治舞弊问题,使得台湾高铁项目的问题更加扑朔迷离,而纳税民众很可能是风险的最终承担人,这与民间资金介入公共项目的初衷是背道而驰的。该项目尚有数十年营运期,今后还将会出现怎样的资金问题、技术问题、盈利问题,当如何解决,台湾高铁公司都应与高速铁路工程局共同协商,及时调整修正运营计划及风险应对计划,把可能发生的损失降至最低。

6.4 台湾高铁及其他应用 PFI 模式项目实践的启示

1) 资金价值评估不充分影响融资的完成

台湾高铁项目承担人的招标中缺乏对投标人投标方案的缜密评估,特别是如何获得项目资金价值以及相关的项目财务规划与融资计划都未作详细评价,使得项目实施中出现重大问题。台湾"政府"在遴选高铁项目承担人时仍沿用传统招标方式,以最低投标作为中标条件。以大陆工程董事长殷琪为主、五家财团组建的台湾高铁公司得标的条件,是台湾"政府"零出资。但台湾高铁开工没多久,高铁公司就发现当初许多预算的条件都太过乐观,特别是对铁路沿线土地开发效益预测过高,使得筹资计划陷入困境,如果台湾当局完全不投资,高铁项目可能很难完工,"政府"因此就购地拆迁、规划设计等子项注入了 1 057 元新台币(总造价的 21%)的"政府"投资。自 2000 年起,高铁公司又不断说服"政府"以各种不同的台湾"国营"事业组织投资高铁项目,而高铁公司原融资计划中的海外筹资因对该项目失去信心和1998年新台币兑美元大幅贬值带来汇率风险迟迟不能到位,专案融资就更加困难,后经"政府"出面担保才获得一部分银行贷款,担保条件是高铁工程因故停建,由政府强制回购,使提供贷款的银行免除风险。由于融资问题一再出现困境,致使项目开工后原融资计划部分失败,给项目的正常实施带来很大的负面影响,项目费用增大,完工时间延迟了三年多。

2) 高额交易成本影响项目资金价值的获得

这个问题在台湾高铁项目中因未作项目资金价值评估而未被单独分析,但在过去的十年里,英国、加拿大等国所实践的PFI项目中,不断有私营部门的承包商提出批评,指责项目的交易成本过高。但由于各投标单位视投标报价为商业机密,因此确切的项目投标成本数据资料极少获得。与传统的公共项目采购方式相比,PFI模式的前期费用负担较重,论证评估的周期偏长,而且合同关系与协议条款更为复杂,造成总的交易费用高涨。据英国亚当·斯密研究院1996年的报告[62],对于PFI项目潜在的承包商,投标费用可能占整个项目总费用的3%,而传统采购方式下,承包商的投标费用大约只占整体费用的1%。如果以百分比的方法比较PFI模式与传统采购模式的投标成本,结果是PFI模式下要高3~10倍,而且合同数额越大的项目,所差的倍数越大。因为项目投资越大、规模越大,项目的采购、建设与运营过程就越复杂,前期的论证与评估所需的时间与费用就相应地越大。即使项目的规模不足够大,交易成本亦是不成比例的偏高。南澳大利亚的某中学建设,最终的成本比预算时增加了数倍,这与交易成本过高有直接关系。

如果政府制定有标准的项目交易流程与指南,对缩短PFI项目的交易时间、减少交易成本都有决定性的意义。这种流程与指南中,不仅需要明确交易的每一步骤,而且应尽可能使得代表项目产出结果的工程量清单明细表目次简单明了,项目全过程管理都处于一个清晰的框架下,包括明确关键性的合同条款、支付机制、风险转移的原则以及评标可能采用的各种方法。在欧美发达国家,PFI模式虽然已有良好的实践,但如此具体的流程指南也还在完善中。英国财政部在2004年8月公布了PFI项目资金价值评估指南[16],其目的亦在于此;中国的招投标市场尚不完善,在PFI项目模式全面推行之初,制订出初步的PFI项目流程与指南对有效推动项目实施是有着事半功倍的意义的。

3) 高额融资成本影响融资计划实施

对于公共项目,虽然采用PFI模式可能获得更多的投入资金,但其融资成本将大于传统模式下的政府借贷融资。政府的借贷资金最终是用税收偿还的,因此事实上政府借贷融资是风险较小甚至是无风险的,而影响借贷成本的诸多因素中很关键的问题就是预计的风险大小和期望的收入,因此,政府贷款是各种投资中成本最低的方式。私营公司,没有这样的保证,不可避免地隐藏着较大的风险,使得借贷条款竞争力降低。而能提供较政府贷款更便宜的私人贷款一般都是新公司或融资信誉较低的公司,显然这样融资风险很大。

但是随着PFI模式的逐渐成熟,政府借贷与私人融资成本间的差距已在不断缩小,流程的标准化、合同协议条款的完备、实践经验的逐渐丰富,都使得私人主动融资的成本不断减少。当然这是指在PFI已发展得较好的国家和地区。

4) 私人商业利益与公共服务目标矛盾

PFI项目主要针对大型公共项目,在已签订的合同中,包括有公共卫生、监狱、图书馆、社区服务等这类以提供公共服务为主的公益项目,这类项目的目标是高效率的服务,却几乎没有稳定的回报,只能依托附属设施或捆绑项目获得相应的利益。而私营部门的预投标人是以盈利为最终目标的,如果政府不能提供相应的利益保证,例如周边商业网点的特许经营权、合适的经营价格等,就会在高质量的公共服务和投标人的商业利益之间无法平衡,最终导致项目失败,而这样的结果,公共部门将承担极大损失。特别是社区急救中心、监狱项目,由于公众担心受私营部门的控制而可能反对采用PFI模式。这两者间的矛盾在台湾高铁项目中尤为突出,高铁工程的发包权都在台湾高铁公司,大量的工程被发包给殷琪所属的大陆工程公司及当初一起得标的财团,但重大的融资风险和完工风险都由"政府"承担,结果是"政府"的钱让承担项目的私人公司获得,风险损失却由"政府"和公众承担,这与PFI模式利用民间资金、减少政府负担与风险的宗旨是背离的。

大量实践表明,在PFI模式应用的初始阶段较多地应用于交通业中有稳定收入回报的项目,或采用单纯的服务购买型,较易被私营部门所接受。现阶段英国国家图书馆建设数字化基础设施时,曾希望采用PFI模式满足图书馆融资、建设、运营和维护的需求,但在1998年12月中止了谈判,因为双方无法很好地协调,无法在利益分配和风险分担上达成一致。图书馆决定购买基本系统并形成一系列双边合作伙伴关系,以确保数字图书馆蓝图的实现。基于此,PFI项目首先应用在有较稳定收益保证的交通设施等领域,并要切实做好资金价值评估才可能保证项目成功。

5) 给中央及地方财政增加了负担

在PFI推行的初期,政府部门为了充分利用民间资本,追求资金使用的最大化,经常未做完备的前期评估,或缺乏相应的论证过程,而毫不犹豫地在许多项目中采用PFI方式。但是按照PFI的一般运作规则,项目的承担者都要求项目所在地政府对其投资的收益给予一定的担保和必要的政策优惠,以使其有足够的收益偿还贷款与产生利润[121]。如果短期内签订的PFI模式合同过多,则地方政府及财政将承受巨大的"包袱"。如果PFI项目进行的中途发生融资失败或合同终止等极端风险,更是给政府增加可怕的负担。英国的诸多项目目前正处于营运履约期,英国财政部成立了履约特别工作组进行监督与指导[122],这个小组通过直拨电话和电子邮件向PFI项目的合作者们提供履约中各种问题的咨询及援助。这给我们很好的借鉴,前期充分的论证与评估将会在很大程度上降低项目事件的各种风险。

6) 东西方做法的差异

在学习西方推进PFI模式的实践中须要注意到,由于东西方文化背景不同,相关的法律法规存在很大差异,具体表现在招标程序的公正性与透明性、合同条款的详尽程度、合同协议的期限等方面都与西方有着明显的差异。例如,日本在合同契约上倾向于相互的信任,而不是严格详细的条款，合同期限趋向于中期而不是长期，很少考虑项目的失败。台湾地区的BOT合同协议中对各参与方之间的合作与风险分担条款通常也很不详细，为了保证合同的最终完成，往往政府需做出很大让步，使得政府风险倍增。因此，我国推进PFI模式不仅需要学习借鉴海外已有的经验与理念，还须充分考虑中国本土的文化、经济背景，作相应的调整和改进。

7 结 束 语

推行PFI模式的目的是为了减少中央和地方政府在大型公共设施项目中的财政投入，充分利用民间的闲散资金和民间的优秀管理能力，使公众能获得更好的公共服务，提高项目的运营效益。但是与传统方式相比较，PFI项目的前期费用大、周期长，合同及协议关系复杂，后期一旦发生重大风险，影响可能是致命的，因此，PFI模式的应用面临高度复杂的管理问题。为在我国公共项目中更有效地应用PFI模式，迫切需要对公共项目应用PFI模式的方法进行系统的理论研究，本书正是基于此提出并开展研究的。

7.1 本书的创新点

1）建立了公共项目应用PFI模式的基本实施流程

为科学推进PFI模式在我国公共项目中的应用，提升项目实施的成功率和效益，从科学管理的要求出发，通过总结国内外大量PFI模式应用的成功经验和失败教训，本书建立了PFI模式在公共项目中应用的基本实施流程，我国目前仅建立有针对特许经营BOT项目的实施流程，缺乏PFI模式的实施流程。本书在参考我国现有程序和海外发达国家特别是英国、日本已有的做法和标准运作程序基础上，基于政府公共部门的立场，以拟建公共项目的选定、项目承担人的招标与选择和项目的建设与运营维护三个阶段涵盖PFI项目的全过程，提出了适合我国国情的、有普遍意义的公共项目采用PFI模式的基本实施流程。

2）研究形成了公共项目是否采用PFI模式的评价方法

公共项目的特点表明不是所有的项目都适合采用PFI模式。审慎地选择拟建公共项目，缜密地分析和评价拟建项目能否采用及是否采用PFI模式，以及如何运用PFI模式，是公共项目应用PFI模式过程中的核心决策问题之一。本书中研究形成了公共项目是否应用PFI模式的评价和选择过程，明确了其评价要点，设计了定性与定量相结合的评价方法。

3）提出了选择PFI项目承担人的评价方法

拟建公共项目确定采用PFI模式后，接着需要解决的核心问题就是通过招标投标的方式选择合适的项目承担人。本书建立了针对PFI模式实施的科学有效的招标程序，提出了PFI项目招标文件与投标文件编制的要求，明确提出在PFI项目评标中适用的方法，为公共部门采用科学的方法评价选择最合适的项目承担人提供了有益的参考。

4) 提出了PFI项目资金价值评估的方法

确定公共项目的建设运营是采用由政府公共部门主持与组织的模式还是由私营部门以资金与管理技术介入的PFI模式,核心问题是哪种模式可以获得项目资金价值,产生更高的项目效益。项目资金价值评估成为确定是否采用PFI模式的核心问题。本书提出了项目资金价值的评估过程,研究了项目全寿命周期中三个阶段,即项目投资计划评估(阶段1)、项目实施草案评估(阶段2)和项目采购方式评估(阶段3)中的定量和定性相结合的评估方法。对不确定因素影响较大的主要经济评价指标,本书提出了PFI项目的风险评价蒙特卡洛模拟模型和评价方法。

5) 提出了PFI项目风险评价与管理方法

PFI项目从发起到实施完成的整个过程都存在着风险,PFI模式的风险评价及管理控制是其核心管理问题之一。风险评价和管理控制的方法是丰富多样的,鉴于PFI模式应用的风险难以准确定义和度量,评价中所考虑的不同因素的重要性,评价的标准和自然状态都是模糊的。本书应用模糊综合评价法提出了PFI模式适合应用的风险评价方法,在此基础上研究了风险回避和降低的方法,以及监督控制和管理的方法。

7.2 需要进一步研究的问题

公共项目采用PFI模式建设经营,在中国尚处起步阶段。其中的诸多要素问题,亟待深入研究,以便对正在实施中的PFI项目进行有效的控制与跟踪评价,更好地推动和改善PFI模式,使其成功应用。本书提出以下尚需研究的问题:

(1) 需要提出一整套直接针对在中国推进PFI模式应用的法律文本,供政府和企业参考采用。

(2) 需要建立适合于中国经济发展状况和水平的PFI标准合同文本。

(3) 需要建立指导私人公司参与项目竞争的框架性流程,减少模糊性和中间环节的谬误。

(4) 需要进一步深入研究PFI模式下不同项目的适用范围,特别是不同方式下税金的影响。

(5) 需要建立PFI项目融资担保体系,减小融资风险。

(6) 需要针对采用PFI模式的项目及类似项目建立全面的数据资料库,以利于有效应用PSC及LCC进行资金价值评估。

PFI模式被成功地运用在公共项目的建设管理中,使得项目能够获得最大的资金价值,向公众提供有效、高质的服务,说明在中国研究推进这种新的融资建设管理模式是非常有意义的。由于不可能所有的公共项目都能采用PFI模式,故通过评估项目的资金价值来确定采用PFI模式的可行性就尤显重要。对VFM评估方法与程序的研究目的是改善、提高评估的准确性和公正性，其中最重要的期望是评估过程能够标准化、透明且是有灵活性的，这既能减少PFI模式在实际推进中的障碍与困难，也能有效提高公共项目多元化建设管理的效率。

参考文献

[1] 世界银行.1994年世界发展报告——为发展提供基础设施.北京:中国财政经济出版社,1994

[2] Gordon L Clark, Amanda Root. Infrastructure shortfall in the United Kingdom: the private finance initiative and government policy. Political Geography,1999 (18): 341-365

[3] 中华人民共和国建设部综合财务司. 2000年城市建设统计公报,2000

[4] 中华人民共和国建设部财务司. 2005年城市建设统计公报,2005

[5] 中华人民共和国国家统计局编. 中国统计年鉴2006. 北京:中国统计出版社,2006

[6] 中华人民共和国建设部财务司. 2001—2004年城市建设统计公报,2001—2004

[7] 中国共产党第十六届中央委员会第五次全体会议. 中共中央关于制定国民经济和社会发展第十一个五年规划,2005

[8] 中国科学院中国现代化研究中心中国现代化研究课题组. 中国现代化报告2002:知识经济与现代化. http://www.modernization.com.cn/CMR200221.HTM

[9] 谢伏瞻. 加快城市基础设施发展应有紧迫感. 中国城市基础设施改革与发展国际研讨会. http://www.china.com.cn/chinese/OP-c/466537.htm

[10] 王前福,李红坤,姜宝华. 世界城市化发展趋势. 经济视角,2002,103(5):26-29

[11] 张益,卢英方. 我国城市生活垃圾处理现状评估及无害化处理率分析. http://www.cn-hw.net/html/32/200609/54.html

[12] 汪雷. 对我国财政投融资资金运用的分析. 经济问题探索,2004(10):13-16

[13] 徐波,顾勇新,王海山. 加入WTO对建筑业企业服务模式的影响展望. 建筑经济,2002,239(9):3-7

[14] 任波,李世蓉. 公共项目私人融资新途径——PFI. 重庆建筑大学学报,2002,22(10):90-94

[15] Julie Froud. The Private Finance Initiative: risk, uncertainty and the state. Accounting, Organizations and Society, 2003 (28):567-589

[16] HM Treasury. Value for Money Assessment Guidance, Aug. 2004 http://www.hm-treasury.gov.uk/hmt/documents/public_private_partnerships/ppp_index

[17] 王灏. PPP 的定义和分类研究. 都市快轨交通, 2004(05): 23-27

[18] Darrin Grimsey, Mervyn K Lewis. Are Public Private Partnerships value for money? Evaluating alternative approaches and comparing academic and practitioner views. Accounting Forum, 2005 (29): 345-378

[19] HM Treasury. PFI: meeting the investment challenge, July 2003. http://www.hm-treasury.gov.uk/hmt/documents/public_private_partnerships/ppp_index

[20] 甘峰. 英国公共部门 PFI 制度创新以及启示. 世界经济研究, 2003(3): 75-78

[21] 欧洲联盟. http://www.chinaiiss.org/world/org/eu.htm

[22] John R Allan. PUBLIC-PRIVATE PARTNERSHIPS: A Review of Literature and Practice, Saskatchewan Institute of Public Policy, Public Policy Paper No. 4

[23] 有岡正樹, 有村彰男. PFI 基礎からプロジェクト実現まで(完全網羅日本版). 东京: 山海堂株式会社, 2001

[24] 井熊均. PFI 现状与评价. http://www.rieti.go.jp/cn/events/bbl/07022801_flash.html, 2007-2-28

[25] Invest Japan No2, Japan's Private Finance Initiative on the Move, P7. http://www.usajapan.org/PDF/private_finance_initiative.pdf

[26] Ginko Kobayashi. Japan aims to catch up with U.K.'s PFI drive. BUSINESS FRONT LINE, The Daily Yomiuri, Sep. 2003

[27] 刘志. PPP 模式在公共服务领域中的应用和分析. 建筑经济, 2005, 273 (07): 14-15

[28] 卞曙光. 水务行业研究报告. http://www.docin.com/p-60803559.html

[29] 张文桥. 2008 年奥运会采用民间资本进行融资的可行性研究. 湖南财经高等专科学校学报, 2006(06): 43-45

[30] 谢良兵. 从"争抢"到"撤资"杭州湾大桥非完美民资实验. 中国新闻网. http://www.chinanews.com.cn/cj/hgjj/news/2007/06-08/953600.shtml

[31] Grahame Allen. The Private Finance Initiative (PFI)—Commons Library Research Paper. 18 December 2001. http://www.parliament.uk/briefing-papers/RP01-117/the-private-finance-initiative-pfi

[32] Second Review of The Private Finance Initiative By Sir Malcolm Bates. 3.19.1999. http://www.hm-treasury.gov.uk./documents/enterprise_and_productivity/encouraging_enterprise/ent_ee_srpfl.cfm

[33] Technical Note No. 1, HOW TO ACCOUNT FOR PFI TRANSACTIONS. http://www.hm-treasury.gov.uk/hmt/documents/public_private_partnerships/ppp_index, January 2005

[34] HM TREASURY. Standardization of PFI Contracts, Version 3, April 2004. http://www.hm-treasury.gov.uk,

[35] Credit guarantee finance technical note and draft documentation. http://www.hm-treasury.gov.uk/documents/public_private_partnerships/key_documents/ppp_keydocs_cgf.cfm, February 2004

[36] Office of the Deputy Prime Minister. Green Public Private Partnership. Office of Government, July 2002

[37] Quantitative Assessment user Guide, August 2004. http://www.hm-treasury.gov.uk/hmt/documents/public_private_partnerships/ppp_index

[38] PFI: strengthening long-term partnerships, March 2006. http://www.hm-treasury.gov.uk/hmt/documents/public_private_partnerships/ppp_index

[39] Technical Note No. 2: How to follow EC Procurement Procedure and Advertise in the OJEC, 2005. http://www.hm-treasury.gov.uk/hmt/documents/public_private_partnerships/ppp_index, January

[40] Technical Note No. 3: How to Appoint and Manage Advisers to PFI Projects, 2005. http://www.hm-treasury.gov.uk/hmt/documents/public_private_partnerships/ppp_index, January

[41] Technical Note No. 4: How to appoint and work with a preferred bidder, 2005. http://www.hm-treasury.gov.uk/hmt/documents/public_private_partnerships/ppp_index, January

[42] Technical Note No. 6: How to Manage the Delivery of Long Term PFI Contracts, 2005. http://www.hm-treasury.gov.uk/hmt/documents/public_private_partnerships/ppp_index, January

[43] Technical Note No. 7: How to Achieve Design Quality in PFI Project, 2005. http://www.hm-treasury.gov.uk/hmt/documents/public_private_partnerships/ppp_index, January

[44] Japan PFI Association. Law relating the promotion of realization of public facilities by using private funds. http://www.pfikyokai.or.jp

[45] NATIONAL TREASURY. STANDARDISED PPP PROVISIONS("Standardisation"). First Issue, 11 March 2004. http://www.treasury.gov.za

[46] NATIONAL TREASURY. PUBLIC PRIVATE PARTNERSHIP MANUAL. First Issue, 2004. http://www.treasury.gov.za

[47] Australia Victoria Government. Partnerships Victoria Guidance Material: Contract Management Guide, June 2003. http://www.partnership.vic.gov.au

[48] Chris Rodger, Jason Petch. Uncertainty & Risk Analysis. Business Dynamics,

April 1999, Pricewaterhouse Coopers U. K. Firm

[49] Li Bing, P J Edwards, C Hardcastle. The allocation of risk in PPP/PFI construction projects in the UK. International Journal of Project Management 2005 (23):25-35

[50] Lucy W Chege. Risk Management and Procurement Systems — An Imperative Approach. CIB Report, 2000:373-386

[51] Darrin Grimsey, Mervyn K Lewis. Evaluating the risks of public private partnerships for infrastructure projects. International Journal of Project Management, 2002,(20):107-118

[52] Li Bing, Akintola Akintoye, Cliff Hardcastle. VFM and Risk Allocation Model in Construction PPP Projects. part of an on-going PhD study, School of Built and Natural Environment, Glasgow Caledonian University, December 2001

[53] Michael Spackman. Public-private partnerships: lessons from the British approach. Economic Systems, 2002,(26): 283-301

[54] Takamasa Kanaya, Miki Ikuta. Japanese Experiences in Private Participation in Infrastructure From the Third Sector Scheme to the PFI Method. Japan Economic Institute, May 2003

[55] Katrin Fischer, Andrea Jungbecker, Hans Wilhelm Alfen. The emergence of PPP Task Forces and their influence on project delivery in Germany. International Journal of Project Management, 2006,(24):539-547

[56] 侯祥朝,姚兵. 公共工程建设管理的新思路. 城乡发展,2002(8):30-31

[57] 韩传峰,台玉红. 英国的工程项目融资方式——PFI. 建筑,2002(2):48-49

[58] 侯祥朝,林知炎,黄忠辉. 论公共工程项目融资代建制模式. 重庆建筑大学学报, 2003,25(3):78-81

[59] 刘志. 社会公益设施投融资的新模式——北京奥运场馆项目招标的启示. 宏观经济管理,2004,(8):53-55

[60] 张丽娟. 国际PFI模式在城市基础设施建设中的应用研究. 建设监理,2004,(4): 67-69

[61] 胡振,张建儒,金维兴. 我国推行PFI制度的核心问题. 建筑经济,2004,(3):12-14

[62] 高峰,范炳全,李秀森. PFI及其在交通基础设施建设中的应用. 经济问题,2003(8): 54-56

[63] 钱伟. 浅析PFI模式在交通基础设施建设中的应用. 交通财会,2002,(3):40-43

[64] 金恩伟,黄晓明. 当前金融形势下地铁建设融资探讨. 城市轨道交通研究,2002,(3): 13-16

[65] 汪毅. 中国供水工程建设PFI融资取向的选择. 给水排水,2003,29(10):9-12

[66] 于国安. 公益性水利项目政府特许经营研究. 人民黄河,2004,26(7):1-3

[67] 张治强. 基础设施项目投融资的特点及风险管理. 公路与汽运,2002,(6):65-67

[68] 高析. BOT 项目融资模式风险分析. 水力发电,2002,(4):10-15

[69] 李永强,苏振民. PPP 项目的风险分担分析. 经济师,2005,(9):248-249

[70] 吴泽宁,索丽生,王海政. 水利水电项目经济风险的模糊分析方法. 河海大学学报(自然版),2003,31(3):276-280

[71] 张武,宇德明. 多投资主体建设项目经济评价中的风险 NPV 法. 基建优化,2002,23(6):30-33

[72] 赵朋,刘应宗. 综合评价法在建设工程承包风险评估中的应用. 施工技术,2004,33(12):54-56

[73] 天则公用事业研究中心. http://www.ccppp.org/default.asp

[74] 清华大学国际工程研究院. http://211.157.35.153/news/news_show.asp?ArticleID=402

[75] Daniel Liew. Public Private Partnerships in Hong Kong. Hong Kong Institute of Surveyors, Annual Conference, 29 May 2004

[76] 张连营,李楠. 工程项目管理模式 BOT 与 PFI 的比较. 港工技术,2004,(1):31-34

[77] The Concept of Public Private Partnership. http://www.ppp.gov.je, 2004

[78] 崔军. 海外 PPP/BOT 项目案例分析——实战和经验. (特许经营)项目融资(BOT/PPP)国际前沿论坛,2005.3.31

[79] 叶苏东,张丽光. 新加坡的 PPP 概况、PPP 模式的要点和缺陷. (特许经营)项目融资(BOT/PPP)国际前沿论坛,2005.3.31

[80] 张极井. 项目融资. 北京:中信出版社,1997

[81] 钟小海. 奥运城市建设的融资创新. 2005.11. http://www.tranbbs.cn/Html/TechArticleBt/1113142632679.html

[82] 顾长浩,马贝艺. BOT 投融资项目中的担保问题研究. 政府法制研究,2002,(3)

[83] 王守清. 特许经营项目融资(BOT/PPP)的内涵与应用. (特许经营)项目融资(BOT/PPP)国际前沿论坛,2005.3.31

[84] Phil Breaden, Paul Rintoule,郑伏虎. 项目融资和融资模型. 北京:中信出版社,2003

[85] 福冈市财政局财政部财政调整課. 福冈市 PFIショートリスト(平成 18 年 7 月修正版),2006,(7):1-3

[86] Technical Note No. 6. How to Manage the delivery of Long Term PFI contracts. Treasury Taskforce Private Finance

[87] The Public-Private Partnership(P3) Office. Best Practices of the PSC. Industry Canada. http://strategis.ic.gc.ca/epic/internet/inpupr-bdpr.nsf/en/h_qz01620e.html#def

[88] Value for Money-Purchasing Principles. http://www.purchasing.tas.gov.au/buyingforgovernment/getpage.jsp?uid=F5E74B20DEF74 E68CA256 C750016B C87#Value_for_money

[89] 国家外汇管理局南宁分局课题组. BOT 项目风险及外汇管理难点分析——对广西来宾电厂 B 厂 BOT 项目的调查. 广西金融研究,2000,(11):21-27

[90] 项目融资的案例(1). http://www.china5e.com/finance/finance/projectexample-01.php

[91] Technical Note No. 4. How to appoint and work with a preferred bidder. Treasury Taskforce Private Finance

[92] 大岳咨询有限公司. 公用事业特许经营与产业化运作. 北京:机械工业出版社,2004

[93] 世界银行. 标准采购文件——土建工程采购资格预审文件,2002

[94] Sudong Ye, Robert L K Tiong. NPV-at-Risk Method in Infrastructure Project Investment Evaluation. Journal of Construction Engineering and Management,2000,(5/6):227-233

[95] Jean Shaoul. A critical financial analysis of the Private Finance Initiative: selecting a financing method or allocating economic wealth. Critical Perspectives on Accounting,2005,(16):441-47

[96] Department for education and skills, UK. Building schools for the future: PFI Value for Money Stage 1 Assessment. 2005-12. www.bsf.gov.uk

[97] 王鹤松. 项目融资财务分析. 北京:中国金融出版社,2005

[98] David Parker, Keith Hartley. Transaction costs, relational contracting and public private partnerships: a case study of UK defense. Journal of Purchasing & Supply Management,2003,(9):97-108

[99] 丁战. 企业整体资产评估中折现率的确定方法. 东北大学学报(社会科学版),2002,4(2):106-108

[100] Shou Qing Wang, Robert L K Tiong, etc. Evaluation and Management of Political Risks in China's BOT Projects. Journal of Construction Engineering and Management,2000,(5/6):242-249

[101] 成虎. 工程项目风险因素分析,2006-12-25. http://www.leadge.com/djnews/news/200612259431-4.htm,

[102] Li Bing, A Akintoyeetc. The allocation of risk in PPP/PFI construction project in the UK. International Journal of Project Management,2005,(23):27

[103] Li Bing. Risk management of public/private partnership projects. Un-published PhD thesis. School of the Built and Natural Environment. Glasgow Caledonian University. Glasgow, Scotland, 2003

[104] 王卓甫. 工程项目风险管理——理论、方法与应用. 北京：中国水利电力出版社，2003

[105] 王家远，刘春乐. 建设项目风险管理. 北京：中国水利水电出版社，2004

[106] 李海凌，刘克剑，李芊. 模糊综合评价在工程项目风险评价中的应用研究. 西华大学学报，2005，24(6)：78-80

[107] 李志远. 固有风险评估方法及其改进. 中国注册会计师，2001，(10)：32-33

[108] 黄天民. 应用模糊数学. 成都：西南交通大学出版社，1997

[109] 田权魁. 模糊理论与AHP相结合的BOT风险研究. 低温建筑技术，2004，(2)：91-93

[110] 左其亭，吴泽宁. 模糊风险计算模型及其应用研究. 郑州工业大学学报，2001，2(3)：78-80

[111] 沈良峰，李启明，邓小鹏，等. 建设项目生命周期风险识别与控制技术研究，2007-4-6. http://www.paper.edu.cn/downloadpaper.php?serial_number=200704-678&type=1

[112] 刘玉杰. 工程项目风险分析与管理. 国际工程与劳务，2005，(6)

[113] Li Bing, A Akintoyeetc. The allocation of risk in PPP/PFI construction project in the UK. International Journal of Project Management，2005，(23)：25-35

[114] 侍玉成. 项目融资中风险分担问题的探讨. 融资管理，2005，(4)：71

[115] 廖林，章恒全. 从风险有效分摊角度优化工程项目的管理模式. 工程建设与设计，2004，(10)：69

[116] Tony Poulter. Japan's PPP experience—Lessons for Europe? Global Head of Infrastructure, Government and Utilities, PricewaterhouseCoopers, 2003. http://zh.wikipedia.org/wiki/%E5%8F%B0%E7%81%A3%E9%AB%98%E9%80%9F%E9%90%B5%E8%B7%AF

[117] http://www.thsrc.com.tw/about/plan.asp

[118] 李建中. 台湾"民间资本参与公共建设"法治简介. 讲座报告，台湾中央大学营造管理研究所

[119] 吴南平. 台湾高铁工程真是一场灾难. http://www.china.com.cn/chinese/TCC/haixia/1149348.htm

[120] 高群服. 台湾高铁BOT风波. 中国市场，2000，(3)：39-42

[121] 张伟. 论转轨时期中国环境污染治理设施的投融资方式与创新. 青岛：中国海洋大学，2005

[122] http://www.hm-treasury.gov.uk

附 录

附录1 市政公用设施投资额占GDP比例的趋势预测方程

设年份为t,以1999年为0点;设市政公用设施投资额占GDP比例为y_1,市政公用设施投资额占全社会固定资产投资额比例为y_2,它们之间的关系可以趋势线方程来表示:

$$y_1 = a_1 + b_1 t,$$
$$y_2 = a_2 + b_2 t$$

年份	t	t^2	y_1	$y_1 t$	y_2	$y_2 t$
2000	1	1	1.91	1.91	5.75	5.75
2001	2	4	2.14	4.28	6.32	12.64
2002	3	9	2.60	7.80	7.18	21.54
2003	4	16	3.29	13.16	8.03	32.12
2004	5	25	2.97	14.85	6.75	33.75
2005	6	36	3.06	18.36	6.32	37.92
小计	21	91	15.97	60.36	40.35	143.72

对于直线方程,有

$$b = \frac{n\sum(ty) - (\sum t)(\sum y)}{n\sum t^2 - (\sum t)^2}, a = \frac{\sum y}{n} - b\frac{\sum t}{n}$$

$$b_1 = \frac{6 \times 60.36 - 21 \times 15.97}{6 \times 91 - 21^2} = \frac{362.16 - 335.37}{546 - 441} = \frac{26.79}{105} = 0.255$$

$$a_1 = \frac{15.97}{6} - 0.255 \times \frac{21}{6} = 2.662 - 0.8925 = 1.7695$$

$$y_1 = 1.7695 + 0.255t$$

$$b_2 = \frac{6 \times 143.72 - 21 \times 40.35}{6 \times 91 - 21^2} = \frac{862.32 - 847.35}{546 - 441} = \frac{14.97}{105} = 0.1426$$

$$a_2 = \frac{40.35}{6} - 0.1426 \times \frac{21}{6} = 6.725 - 0.499 = 6.226$$

$$y_2 = 6.226 + 0.1426t$$

附录 2 蒙特卡罗模拟程序清单

```
'******************************************
'            应用蒙特卡罗模拟技术计算项目内部收益率的概率分布
'                         (主程序清单)
'                 实现语言:VBA(Visual Basic for Application)
'                         2006-9-15
'******************************************
Public Sub MonteCarloSimulate()
'''定义变量
    Dim SimCnt As Integer '模拟的次数
    Dim a, b, c As Integer '三角分布的三个值
    Dim YearCnt As Integer '项目评估期
    Dim ic As Single '项目的收益率
    Dim AnnualIncome_miu, AnnualIncome_sigma As Integer '年收益的期望和标准差
    Dim AnnualCost_miu, AnnualCost_sigma As Integer '年经营成本的期望和标准差
    Dim AnnualTax As Integer '年税金及附加
    Dim FlowCashTotal As Integer '流动资金总额
    Dim rndtmp(12) As Single '用于存储 12 个随机值
    Dim totalrnd As Single '用于 12 个随机数求和
'''定义工作表
    Dim CurrentWorksheet As Worksheet '主计算工作表
    Set CurrentWorksheet = Application.Worksheets("calcu_data")
    Dim CashFlowSheet As Worksheet '现金流量表
    Set CashFlowSheet = Application.Worksheets("cashflow")
    Dim tmpsheet As Worksheet '辅助计算及生成图表的工作表
    Set tmpsheet = Application.Worksheets("tmp")
'''其他辅助变量定义
    Dim i, j As Integer
    Dim CurrentWorksheetDataRange As Range
'''相关参数赋值
    SimCnt = frmMonteCarloSimulate.tbSimCnt.Text
    a = frmMonteCarloSimulate.tb_a.Text
    b = frmMonteCarloSimulate.tb_b.Text
    c = frmMonteCarloSimulate.tb_c.Text
    YearCnt = frmMonteCarloSimulate.tbYearCnt.Text
```

```
            ic = frmMonteCarloSimulate.tb_ic.Text / 100
            AnnualIncome_miu = frmMonteCarloSimulate.tbAnnualIncome_miu.Text
            AnnualIncome_sigma = frmMonteCarloSimulate.tbAnnualIncome_sigma.Text
            AnnualCost_miu = frmMonteCarloSimulate.tbAnnualCost_miu.Text
            AnnualCost_sigma = frmMonteCarloSimulate.tbAnnualCost_sigma.Text
            AnnualTax = frmMonteCarloSimulate.tbTax.Text
            FlowCashTotal = frmMonteCarloSimulate.tbFlowCash.Text
    totalrnd = 0
            '''清空工作表
            CurrentWorksheet.Activate
            Set CurrentWorksheetDataRange = ActiveCell.CurrentRegion
            CurrentWorksheetDataRange.Offset(2, 0). _
                Resize(CurrentWorksheetDataRange.Rows.Count - 2, _
                CurrentWorksheetDataRange.Columns.Count).Clear
            tmpsheet.UsedRange.Clear
            CashFlowSheet.UsedRange.Clear
            '''写 cashflow 表
            For j = 0 To YearCnt
                CashFlowSheet.Range("A" & 1).Offset(0, j).Value = "第" & j & "年"
            Next j
            '''逐次循环
            tmpsheet.Activate
            For i = 1 To SimCnt
    CurrentWorksheet.Range("A" & (i + 2)).Value = i
                Randomize: rndtmp(1) = Rnd()
    CurrentWorksheet.Range("B" & (i + 2)).Value = rndtmp(1)
                '''固定资产投资取值
    CurrentWorksheet.Range("C" & (i + 2)).Value = _
                    Round(IIf((rndtmp(1) >= 0 And rndtmp(1) < (c - a) / (b - a)), _
                    a + Sqr((b - a) * (c - a) * rndtmp(1)), _
                    b - Sqr((b - a) * (b - c) * (1 - rndtmp(1)))), 0)
                For j = 1 To 12
                    Randomize: rndtmp(j) = Rnd()
    CurrentWorksheet.Range(Chr(Asc("D") + j - 1) & (i + 2)).Value = rndtmp(j)
    totalrnd = totalrnd + rndtmp(j)
                Next j
                '''销售收入取值
    CurrentWorksheet.Range("P" & (i + 2)).Value = _
```

```
                Round(AnnualIncome_miu + AnnualIncome_sigma * (totalrnd - 6), 0)
            totalrnd = 0 '随机数总和清零
            For j = 1 To 12
                Randomize: rndtmp(j) = Rnd()
                CurrentWorksheet.Range("Q" & (i + 2)).Offset(0, j - 1).Value = rndtmp(j)
totalrnd = totalrnd + rndtmp(j)
            Next j
                '经营成本取值
CurrentWorksheet.Range("AC" & (i + 2)).Value = _
                Round(AnnualCost_miu + AnnualCost_sigma * (totalrnd - 6), 0)
            totalrnd = 0 '随机数总和清零
                '填充现金流量表
CashFlowSheet.Range("A" & (i + 2)).Value = _
                0 - CurrentWorksheet.Range("C" & (i + 2)).Value '初始投资
            For j = 3 To YearCnt
                CashFlowSheet.Range("A" & (i + 2)).Offset(0, j).Value = _
Round(CurrentWorksheet.Range("P" & (i + 2)).Value - _
                CurrentWorksheet.Range("AC" & (i + 2)).Value - AnnualTax - _
CurrentWorksheet.Range("AC" & (i + 2)).Value / _
                AnnualCost_miu * FlowCashTotal / (YearCnt – 3 + 1), 0)
            Next j
'计算 IRR
CurrentWorksheet.Range("AD" & (i + 2)).Formula = _
                "= IRR(cashflow! R" & (i + 2) & "C1" & ":R" & (i + 2) & "C" & (YearCnt + 1) & ")"
'计算净现值
CurrentWorksheet.Range("AE" & (i + 2)).Formula = _
                "= NPV(" & ic & ", cashflow! R" & (i + 2) & "C1" & ":R" & (i + 2) & "C" & (YearCnt + 1) & ")"
            '将各次计算的 IRR 值拷贝到 tmpsheet 的 A 列
            tmpsheet.Range("A" & i).Value = FormatPercent(CurrentWorksheet.Range("AD" & (i + 2)).Value, 0)
            '计算各 IRR 值出现的次数
            tmpsheet.Range("C" & i).Formula = "= COUNTIF($ A$ 1:$ A$ " & SimCnt & ",A" & i & ")"
            '将各次计算的 NPV 值拷贝到 tmpsheet 的 M 列
            tmpsheet.Range("M" & i).Value = Round(CurrentWorksheet.Range("AE" & (i + 2)).Value, 0)
            '计算各 NPV 值出现的次数
            tmpsheet.Range("N" & i).Formula = "= COUNTIF($ M$ 1:$ M$ " & SimCnt & ",M" & i & ")"
        Next i
        'tmpsheet 工作表中 AC 列排序(IRR 从小到大排序)
        tmpsheet.Activate
```

```
tmpsheet.Columns("A:C").Sort Key1:= Range("A1"), Order1:= xlAscending
'统计 IRR 出现的次数,并计算频率
tmpsheet.Range("G" & 1).Value = FormatPercent(tmpsheet.Range("A" & 1).Value, 0)
tmpsheet.Range("I" & 1).Value = tmpsheet.Range("C" & 1).Value
tmpsheet.Range("J" & 1).Formula = "= I1/" & SimCnt
tmpsheet.Range("K" & 1).Formula = "= Sum(J$ 1:J1)"
'tmpsheet 工作表中 MN 列排序(NPV 从小到大排序)
tmpsheet.Activate
tmpsheet.Columns("M:N").Sort Key1:= Range("M1"), Order1:= xlAscending
'统计 NPV 出现的次数,并计算概率
tmpsheet.Range("P" & 1).Value = Round(tmpsheet.Range("M" & 1).Value, 0)
tmpsheet.Range("Q" & 1).Value = tmpsheet.Range("N" & 1).Value
tmpsheet.Range("R" & 1).Formula = "= Q1/" & SimCnt
tmpsheet.Range("S" & 1).Formula = "= Sum(R$ 1:R1)"
j = 2
'筛选重复出现的 IRR
For i = 2 To SimCnt
    If tmpsheet.Range("A" & i).Value < > tmpsheet.Range("A" & (i - 1)).Value Then
        tmpsheet.Range("G" & j).Value = FormatPercent(tmpsheet.Range("A" & i).Value, 0)
        tmpsheet.Range("I" & j).Value = tmpsheet.Range("C" & i).Value
        tmpsheet.Range("J" & j).Formula = "= I" & j & "/" & SimCnt
        tmpsheet.Range("K" & j).Formula = "= Sum(J$ 1:J" & j & ")"
        j = j + 1
    End If
Next i
'绘制 IRR 概率分布 XY 散点折线图
tmpsheet.ChartObjects(1).Activate
ActiveChart.SeriesCollection(1).XValues = "= tmp! R1C7:R" & (j - 1) & "C7"
ActiveChart.SeriesCollection(1).Values = "= tmp! R1C11:R" & (j - 1) & "C11"
j = 2
'筛选重复出现的 NPV
For i = 2 To SimCnt
    If tmpsheet.Range("M" & i).Value < > tmpsheet.Range("M" & (i - 1)).Value Then
        tmpsheet.Range("P" & j).Value = Round(tmpsheet.Range("M" & i).Value, 0)
        tmpsheet.Range("Q" & j).Value = tmpsheet.Range("N" & i).Value
        tmpsheet.Range("R" & j).Formula = "= Q" & j & "/" & SimCnt
        tmpsheet.Range("S" & j).Formula = "= Sum(R$ 1:R" & j & ")"
        j = j + 1
```

        End If
    Next i
    '绘制 NPV 概率分布 XY 散点折线图
    tmpsheet.ChartObjects(2).Activate
    ActiveChart.SeriesCollection(1).XValues = "= tmp! R1C16:R" & (j - 1) & "C16"
    ActiveChart.SeriesCollection(1).Values = "= tmp! R1C19:R" & (j - 1) & "C19"
    ThisWorkbook.Activate
End Sub

附录3　常用的3种分布随机值的抽取

1. 均匀分布随机值的分布

对于任意 $a<b$，在区间 (a,b) 上的均匀分布，其概率密度函数和分布函数分别为

$$f(x)=\begin{cases}\dfrac{1}{b-a}&(a\leqslant x\leqslant b)\\ 0&(其他)\end{cases} \quad (\text{f}-1)$$

$$F(x)=\begin{cases}0&(x<a)\\ \dfrac{x-a}{b-a}&(a\leqslant x<b)\\ 1&(x\geqslant b)\end{cases} \quad (\text{f}-2)$$

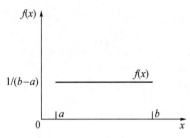

图 f - 1　均匀分布示意图

通过随机数发生器抽取伪随机数 r，则在 (a,b) 区间的分布函数值为

$$F(x)=\frac{x-a}{b-a}=r$$

对上式做逆变换，求出反函数，得 $x=a+(b-a)r$，因而得到均匀分布随机数 u 的抽样公式：

$$u=a+(b-a)r \quad (\text{f}-3)$$

2. 三角分布随机值的抽取

三角分布的概率密度函数和分布函数分别为

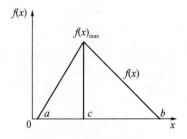

图 f - 2　三角分布示意图

$$f(x)=\begin{cases}\dfrac{2(x-a)}{(b-a)(c-a)}(a\leqslant x\leqslant c)\\ \dfrac{2(b-x)}{(b-a)(b-c)}(c\leqslant x\leqslant b)\\ 0(\text{其他})\end{cases} a,b,c \text{ 均为常数} \quad (\text{f}-4)$$

$$F(x)=\begin{cases}0(x<0)\\ \dfrac{(x-a)^2}{(b-a)(c-a)}(a\leqslant x<c)\\ 1-\dfrac{(b-x)^2}{(b-a)(b-c)}(c\leqslant x<b)\\ 1(b\leqslant x)\end{cases} \quad (\text{f}-5)$$

抽取伪随机数 r,直接用逆变换求反函数,

$$\begin{cases}\dfrac{(x-a)^2}{(b-a)(c-a)}=r(a\leqslant x<c)\\ 1-\dfrac{(b-x)^2}{(b-a)(b-c)}=r(c\leqslant x<b)\end{cases} \quad x=\begin{cases}a+\sqrt{(b-a)(c-a)r}\\ b-\sqrt{(b-a)(b-c)(1-r)}\end{cases}$$

从而可求出随机变量值 u 的计算公式为

$$u=\begin{cases}a+\sqrt{(b-a)(c-a)r}\left(0\leqslant r<\dfrac{c-a}{b-a}\right)\\ b-\sqrt{(b-a)(b-c)(1-r)}\left(\dfrac{c-a}{b-a}\leqslant r\leqslant 1\right)\end{cases} \quad (\text{f}-6)$$

3. 正态分布随机值的抽取

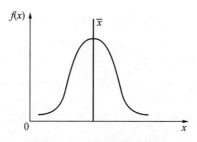

图 f-3 正态分布示意图

正态分布的概率密度函数和分布函数分别为

$$f(x)=\dfrac{1}{\sqrt{2\pi}\sigma}\mathrm{e}^{\frac{-(x-\mu)^2}{(2\sigma^2)}},|x|<+\infty \quad (\text{f}-7)$$

$$F(x)=\dfrac{1}{\sqrt{2\pi}}\int_{-\infty}^{\frac{x-\mu}{\sigma}}\mathrm{e}^{-\frac{1}{2}u^2}\mathrm{d}u \quad (\text{f}-8)$$

式中 μ——均值;

σ^2——方差。

求其随机值的方法可以是直接抽样法,同均匀分布和三角分布的方法,通过反函数可导出随机值的获取公式,但正态分布的反函数很难直接导出,因此可采用近似抽样法,其基本思想为:

设随机变量 $X_1, X_2, \cdots, X_n$ 相互独立,同分布,且 $E(X_i)=\mu, D(X_i)=\sigma^2\neq 0, i=1,2,\cdots$,则对随机变量 $Y_n = \dfrac{\sum\limits_{i=1}^{n} X_i - n\mu}{\sqrt{n}\sigma}$,且 $x\in \mathbf{R}$,有 $\lim\limits_{n\to\infty} P(Y_n \leqslant x)=\Phi(x)$。其中 $\Phi(x)$ 是标准正态分布 $N(0,1)$ 的分布函数。由于 $E(\sum\limits_{i=1}^{n} X_i)=n\mu, D(\sum\limits_{i=1}^{n} X_i)=n\sigma^2$,所以 Y_n 实际上是随机变量 $S_n = \sum\limits_{i=1}^{n} X_i$ 的标准化。即不论 $X_1, X_2, \cdots, X_n$ 原来服从什么分布,当 n 很大时,其部分和 $S_n = \sum\limits_{i=1}^{n} X_i$ 近似有 $S_n \sim N(n\mu, n\sigma^2)$,同时可等价地近似认为 $\dfrac{\sum\limits_{i=1}^{n} X_i - n\mu}{\sqrt{n}\sigma} \sim N(0,1)$。如设 $X_1, X_2, \cdots, X_n$ 为区间 $[0,1]$ 上的随机数列,则 $E(X_i)=\dfrac{1}{2}, D(X_i)=\dfrac{1}{2}$,即 $\dfrac{\frac{1}{n}\sum\limits_{i=1}^{n} X_i - \frac{1}{2}}{\sqrt{\frac{1}{12n}}} \sim N(0,1)$,当 n 充分大时。一般认为 $n=12$ 时,即由 12 个区间 $[0,1]$ 上均匀随机数可产生一个标准正态随机数,

$$u_{12} = \sum_{i=1}^{12} X_i - 6 \tag{f-9}$$

其中 u_{12} 是标准正态分布的随机数,对于非标准正态分布 $N(\mu, \sigma^2)$,则只需做变换 $u^* = \mu + \sigma u_{12}$,可得

$$u^* = \mu + \sigma(\sum_{i=1}^{12} X_i - 6) \tag{f-10}$$

另外,还有一种利用二维正态变换可以产生标准正态分布的随机数,其变换如下:

取两个伪随机数 r_1 和 r_2,得到的标准正态分布的抽样公式为

$$\begin{cases} u_1^* = \sqrt{-2\ln r_1} \cos 2\pi r_2 \\ u_2^* = \sqrt{-2\ln r_1} \sin 2\pi r_2 \end{cases}, r_1 \neq 0 \tag{f-11}$$

附录 4　专用术语

PFI (Private Finance Initiative)：私人主动融资

PPP (Public Private Partnerships)：公共—私人合作伙伴关系

VFM (Value for Money)：资金价值最大化

PSC (Public Sector Comparator)：公共部门成本比较法

SPC/SPV (Special Purpose Corporation/Vehicle)：特殊目的公司

DBFO：Design—Build—Finance—Operate

BOT：Build—Operate—Transfer

BOOT：Build—Own—Operate—Transfer

BTO：Build—Transfer—Operate

BOO：Build—Own—Operate

BLT：Build—Lease—Transfer

Private Finance Panel：私人融资研究小组

Treasury Taskforce：财政部特别工作组

PUK (Partnership UK)：英国合作伙伴关系组

OGC (Office of Government Commerce)：政府商务办公室

HM-Treasury：财政部

Home Office：内政部

DOH (Department of Health)：卫生部

MOD (Ministry of Defense)：国防部

DFES (Department for Education and Skills)：教育及技能部

DFT (Department for Transport)：交通部

PSNI (Public Sector Net Investment)：公共部门净投资额

SOPC (Standardization of PFI Contract)：PFI 标准合同文本

LUL (London Underground Limited PPP)：伦敦地铁公私合作有限公司

CTRL (the Channel Tunnel Rail Link)：海峡隧道铁路连接干线

ASB (Accounting Standards Board)：会计标准委员会

OJEC (the Office Journal of the European Communities)：欧盟官方公报

CFA (Commission for Architecture)：建筑师委员会

BE-CIC (the Built Environment & the Construction Industry Council)：建造环境和建筑业协会

NAO (National Audit Office)：国家审计办公室

PFU (Private Finance Unit)：私人融资小组（英国政府部门中专门负责私人主动融资事

务的小组）

SOPC3（Version 3 of Standardization of PFI Contracts）：（英国财政部）PFI标准合同第三版

VAT（Value Added Tax）：增值税

CapEx（Capital Expenditure）Escalator：资本支出调整条款

OpEx（Operating Expenditure）Escalators：运营支出调整条款

SIPP（The Saskatchewan Institute of Public Policy）：（加拿大）萨斯喀彻温省公共政策研究院